El libro
de Rosy

El libro de Rosy

La historia de una madre
separada de sus hijos
en la frontera

Rosayra Pablo Cruz
y Julie Schwietert Collazo

HarperCollins *Español*

Los libros de HarperCollins Español pueden ser adquiridos para propósitos educativos, empresariales o promocionales. Para más información, envíe un correo electrónico a SPsales@harpercollins.com.

Título original: *The Book of Rosy*

Publicado por HarperCollins Publishers

PRIMERA EDICIÓN

Editor: Edward Benítez
Traducción: Jeremy B. Falcón & Martha Castro López
Diseño de Yvonne Chan

Este libro ha sido debidamente catalogado en la Biblioteca del Congreso de los Estados Unidos.

ISBN 978-0-06-294196-1

20 21 22 23 24 LSC 10 9 8 7 6 5 4 3 2 1

Contenido

Contenido

TERCERA PARTE

PRIMERA

PARTE

1

La visita

—Rosayra Pablo Cruz.

Cuando se dice con amor, mi nombre de pila fluye con facilidad. Las erres caen en cascada sobre las vocales como las aguas cristalinas del río Azul de Guatemala sobre las piedras lisas. Pero la voz de la celadora es brusca y tajante, suena enojada. No es su trabajo ser amable, ni pensar en los nombres de las internas que ocupamos las celdas del Centro de Detención Eloy en Arizona. Sólo somos apellidos y números. Nueve números que, al ser introducidos en la base de datos de inmigración, pueden decirte quiénes somos, de dónde venimos y cuándo nacimos.

Lo que no pueden decirte es que hace treinta cinco años, y a más de tres mil kilómetros de distancia, mi madre, Fernanda Cruz Pablo, dio a luz en casa, en un parto que duró casi doce horas, muchas de ellas en una oscuridad sólo atravesada por el parpadeo de un fuego hecho con ramas de ocote, un árbol de hoja perenne que suelta una fragancia de pino al arder. Refugio, una de las parteras del pueblo, se sentó a su lado y la ayudó a prepararse para el empujón final. Cuando nací, mi madre pidió a Dios que me bendijera y cuidara, y que, si podía permitirse tal atrevimiento, hiciera mi vida un poco más fácil de lo que había sido la suya hasta ese momento.

La celadora vuelve a llamarme con tono aún más severo.

—PABLO CRUZ, TIENES VISITA.

La observo con incredulidad mientras me revuelvo en la litera inferior de mi estrecha celda. Niego con la cabeza. No, no es posible que tenga visita. No conozco a nadie en Arizona. No he seguido el consejo de mis compañeras detenidas; no he contactado a un abogado para que me ayude, ni siquiera después de que mi compañera de celda gastara su dinero en una llamada a mi familia en Guatemala, rogándoles que me convencieran de pedir ayuda legal. «Rosayra», me susurró, «llama cuando menos. ¡A ver si puede ayudarte! ¡No pierdes nada!»

«¿Y para qué?», pensé, y le repetí esa pregunta a mi hermana mayor, Elvira, cuando por fin logramos hablar por teléfono. No tengo dinero para pagar un abogado y mi familia tampoco. De hecho, nos endeudamos para que yo pudiera venir a Estados Unidos con mis hijos, y todos estamos bajo la presión de pagar esos préstamos, con intereses, lo antes posible. Mientras más pronto pueda salir de aquí, más pronto podré estar con mis hijos, solicitar asilo y obtener un permiso de trabajo. Una vez que lo adquiera podré ganar algo de dinero, pagar mis deudas y asegurarme de que mi familia estará bien. El proceso no será fácil, lo sé, pero cada día que paso en este lugar significa estrés para mi familia, porque se preocupan por mi deuda. Cada día que paso aquí los pone en riesgo, ya que en mi país las deudas pendientes pueden implicar una sentencia de muerte.

Esta es la realidad de casi todos los migrantes centroamericanos que huyen a Estados Unidos. Casi nadie tiene dinero para hacer el viaje por su cuenta, así que lo piden prestado a personas que sí lo tienen. Luego están obligados a pagarlo, puede sumar miles de dólares con intereses. Uno no entiende lo rápido que se acumulan esos intereses hasta que no has tenido que recurrir a un trato semejante y vivir con la ansiedad de cumplir con los plazos de pago.

—¡VAMOS, Pablo Cruz!

La *miss* —el nombre que usamos para todas las celadoras— parece molesta de verdad.

Debe ser un error. La idea de que alguien haya viajado a esta polvorienta ciudad desértica, a esta prisión privada para migrantes sólo para verme es inconcebible.

Pero la *miss* insiste. Quizá es un amable voluntario del Programa de Visitas a Centros de Detención de Casa Mariposa. Nunca habían venido a verme, pero escriben cartas a mujeres detenidas y vienen semanalmente, un necesario recordatorio de que al menos un puñado de personas fuera de estas paredes y alambres de púas saben y se preocupan por lo que sucede aquí dentro.

Salgo de la celda con los tenis de lona que me dieron aquí; resuenan en el piso, aletean inútilmente como las alas rotas de un pájaro. Uno es de color más claro que el otro, desgastado por el uso en los distintos pies que los han llevado. No tenemos nada nuevo; todo es usado, cada objeto cuenta las historias y el dolor de las personas que nos precedieron.

Ninguno de los zapatos tiene cordones. Las únicas que los llevan en Eloy son las celadoras en sus botas. Los cordones pueden ser armas; podrían usarse para herir a otra detenida, para asfixiar o para colgarse, víctima de la desesperación, como se comenta entre susurros. Esas historias no me sorprenden. En el poco tiempo que llevo aquí he visto a mujeres enloquecer hasta la histeria. Se enroscan en sus literas y se niegan a abandonar las celdas. Lloran sin cesar, como si sus cuerpos fueran un pozo sin fondo lleno de lágrimas. Las he visto apagarse, convertidas en el cascarón de lo que solían ser. Las he visto perder su deseo de luchar, de seguir adelante. Es aterrador presenciar lo rápido que esto ocurre; es escalofriante darte cuenta que nada de lo que digas o hagas podrá traerlas de vuelta de la locura.

Esa locura, esa salvaje locura… puedo avistar su perfil oscuro como si se acercase a los contornos de mi ser. Es como estar de pie en un gran sembradío de maíz y percatarse de que una tormenta gana fuerza; las furiosas nubes se hacen cada vez más grandes y ganan velocidad frente a tus ojos, justo antes de soltar una lluvia violenta que se dirige hacia ti. En mi interior, trato de mantener la oscuridad bajo control, por fuerza voluntad. Al llegar aquí me di cuenta de que, para sobrevivir al encierro, me haría falta fortaleza mental y emocional. No me he vuelto insensible, pero tampoco quiero llorar. Si empiezo, tal vez no pueda parar. Sufro por mis dos hijos, por supuesto, pero si dejo salir las lágrimas me convertiré en una de esas mujeres al borde del precipicio, y entonces, ¿qué podré hacer para recuperar a mis niños, los que me han arrebatado?

En la sala de visitas estudio los rostros pero no reconozco ninguno, así que espero que la *miss* me indique quién me visita. Levanta el dedo y señala a un hombre alto y delgado con un buen traje y un elegante sombrero de paja. Parece latino, y más tarde sabré que también es inmigrante, de Nicaragua. Hojea el fajo de papeles desorganizado que tiene delante.

—¿Quería verme? —le pregunto.

—¿Cómo se llama?

—Rosayra Pablo Cruz.

—A ver: Pablo Cruz, Pablo Cruz, Pablo Cruz… —Levanta la mirada de los papeles—. No, lo siento. Usted no está en mi lista.

Lo observo sin entender.

—No sé, pero me dijeron que viniera a verlo —le explico.

—Venga —dice, señalando una silla—. Siéntese. Hablemos.

José Orochena se presenta. Me explica que es un abogado de Nueva York que trabaja con un grupo de madres activistas, quienes han reunido grandes sumas para pagar fianzas a madres como yo, separadas de nuestros hijos en la frontera debido a una política llamada «tolerancia cero». Empezaron a recaudar dinero el 25 de junio y esperaban cubrir la fianza de una sola, pero hay tantos estadounidenses enojados con esta política que al final juntaron lo suficiente para cubrir otras fianzas. Me cuenta que la política de tolerancia cero pretendía desalentar de buscar asilo en Estados Unidos a quienes huimos de la violencia en Centroamérica, y entró en vigor el 6 de abril de 2018. Yo crucé la frontera entre México y Estados Unidos junto con mis hijos diez días después, el 16 de abril. De haber llegado apenas once días antes, nuestra historia habría sido muy diferente a la que cuento ahora.

Ninguna de las detenidas en Eloy conocíamos esta política antes de emprender el viaje. Jamás escuchamos noticia alguna al respecto en nuestros pueblos y ciudades. Las noticias de la noche, para aquellos que tenemos televisor, se centran en los acontecimientos locales: la muerte más reciente, relacionada con una extorsión a manos de las pandillas, o algún terrible accidente de carretera, con un video que muestra el escalofriante momento del impacto una y otra vez mientras el presentador habla como si narrara un divertido evento deportivo. Quienes huimos de nuestros países de origen durante el periodo de tolerancia cero llegamos a la frontera con esperanza —algunos habíamos intentado cruzar en otras ocasiones; otros, como yo, lo logramos a la primera—, sólo para que nos separaran de nuestros hijos sin previo aviso. Muchas de las mujeres encarceladas aquí ni siquiera pudieron despedirse de ellos.

De haber conocido esa política, ¿habríamos tomado una decisión diferente? No lo sé. Es imposible decirlo. ¿Cómo puede uno elegir entre un peligro y otro?

José me cuenta más sobre las madres y la primera mujer que liberaron de Eloy. Pagaron su fianza de 7.500 dólares y la llevaron de Arizona hasta Nueva York, donde sus hijos se encontraban en un albergue. Era un lugar llamado Centros Cayuga, donde también están mis niños en este momento. En una semana, las madres activistas consiguieron liberar a algunas otras que fueron separadas de sus hijos bajo la política de tolerancia cero: Amalia, Irma, todas tienen nombres hermosos. José no es un abogado de inmigración, pero ahora mismo desconozco ese detalle; no hay tiempo para que me lo explique. Tiene que atender a otras mujeres durante su rápida visita a Eloy ese día, 9 de julio. Desde que él y las madres liberaron a Yeni González García el 28 de junio, su teléfono no ha parado de sonar a todas horas. Dice que las madres activistas son el «enemigo público número uno en Eloy» porque nos han dado esperanza a quienes estamos detenidas.

Esta esperanza se reduce a diez dígitos: el número del celular de José. Antes de ser liberada, Yeni lo compartió con otras detenidas, quienes lo copiaron una y otra vez, y circuló por el centro de detención más deprisa que cualquier chisme jugoso. Las mujeres lo llaman cuando pueden usar el teléfono, si es que tienen la suerte de que alguien les deposite dinero en una cuenta para llamar al mundo exterior. La conexión suele ser mala, con un ruido de estática en la línea o un retraso al otro lado que complica la conversación. Las filas para usar el teléfono son largas y el tiempo para hablar se agota rápidamente porque las llamadas son caras, pero la esperanza y el deseo de ser escuchadas son persistentes y pacientes.

José se ha convertido en una especie de héroe popular para muchas; cuando liberaron a Yeni, el lugar fue resguardado para que el resto no nos enterásemos, pero se corrió la voz. Las que habían oído hablar de él, las que recibieron su número de manos de otra prisionera, confiaban en ser las siguientes en salir de Eloy y dejar atrás este infierno.

Además de difundir el número de teléfono, Yeni hizo algo más. Memorizó una gran cantidad de información sobre las mujeres con las que compartió la detención y proporcionó a José una lista de madres que podrían necesitar su ayuda; se sorprendió ante su capacidad para almacenar tantos detalles sobre muchas otras mujeres y sus hijos. Pero mi nombre no estaba en esa lista, y no había llamado a José. De hecho, no sabía ni quién era. Su número circulaba por Eloy como «El abogado», pero como no tenía dinero, me empeciné y ni siquiera quise llamarlo.

Estos hechos sólo refuerzan mi percepción de que algo divino actúa en estos casos. En los papeles y carpetas que carga José están los nombres de las madres de la lista de Yeni así como de quienes lo han llamado para pedir ayuda. No «pertenezo» a ninguna de esas categorías, entonces, ¿cómo hemos entrado en contacto, si no es por la mano de Dios? Junto con sus nombres, José tiene anotado los países de origen de estas mujeres así como los nombres, edades y la ubicación de sus hijos. Intenta reunir toda la información posible para armar una imagen coherente de la situación.

«¿Tiene una fianza fijada?», pregunta. Sí, la tengo: de doce mil dólares. Es una cantidad imposible cuyo cálculo parece arbitrario. «¿Dónde están sus hijos?» En Nueva York. «¿Cuáles son sus nombres?» Yordy y Fernando. «¿Sus edades?» Quince y cinco. «¿Cuál es su número de extranjero de nueve dígitos, o número A?» Garabatea mis respuestas en un papel. Tan pronto salga de las instalaciones le enviará un mensaje de texto a Julie, la mujer al frente del grupo de madres de Nueva York, y preguntará si hay suficiente dinero para pagar mi liberación. Está seguro de que sí. Cuando se pone en pie y empuja su silla hacia atrás, dice algo que parece una promesa improbable. «La liberarán pronto», me asegura. Me da la mano y dice que se mantendrá en contacto.

Estoy incrédula, segura de que este hombre amigable y aparentemente bienintencionado ha cometido un grave error. ¿Qué clase de personas pagarían una fianza de doce mil dólares por alguien a quien jamás han visto y que no conocen de nada? ¿Cómo pudieron reunir esa cantidad de dinero? Regresando a mi celda me invade la confusión, pero me permito sentir una pequeña chispa de esperanza. Al fin y al cabo, he estado rogando a Dios que me muestre una señal.

———

Cuando recién llegué a Eloy me juntaba con varias detenidas en el patio donde pasábamos las dos horas de recreo al aire libre en oración comunitaria. Hoy en día seguimos reuniéndonos, vestidas con los uniformes carcelarios verde oliva que ocultan la ropa interior usada y sucia que nos dieron al ingresar. Rezamos por cosas obvias: pedimos paciencia para sobrellevar el tedio del día a día y fortaleza para soportar las insufribles condiciones del centro de detención, como la comida inadecuada y a menudo rancia; los delgados colchones; los racionados artículos de higiene personal; el agua que parece contaminada de sustancias que dejan las manos de muchas de nosotras secas y enrojecidas, como si estuvieran quemadas; la incapacidad de descifrar qué día era; la insensible respuesta a cualquier solicitud médica, por más grave que fuera: «Tome un ibuprofeno y beba más agua»; y, lo peor, la inmensa crueldad de algunas celadoras —todas mujeres—, muchas de las cuales hablan español con fluidez, pero se niegan a comunicarse con nosotras en cualquier idioma que no fuera el inglés.

A muchas nos parece que disfrutan de ·atormentarnos, gritando y amenazándonos con medidas disciplinarias, incluso el confinamiento solitario, por infracciones como abrazarse, trenzar el cabello de otra o esconder un pedazo de pan en el sostén para cuando el hambre nos golpee muy entrada la noche. Las celadoras son incapaces de ponerse en nuestro lugar, así que nos tratan como seres humanos inferiores, nos obligan a rogar por una toalla sanitaria extra, por ejemplo, o nos dicen una y otra vez que el sufrimiento que padecemos nos lo hemos buscado. Aunque parezcan tan despiadadas, también oramos por ellas, pidiendo a Dios que perdone sus pecados y las lleve a comprender el dolor ajeno.

Pero, sobre todo, las mujeres del círculo de oración se turnan para hacer peticiones por sus hijos. «Dios, por favor mantén a nuestros hijos a salvo, donde sea que estén». «Dios, por favor, toca los corazones de nuestros hijos y hazles saber que no los hemos abandonado». «Dios, te lo suplico, por favor reúnenos pronto con nuestros niños». Lágrimas tibias y saladas bajan por las mejillas de la mayoría y buscamos la manera de consolarnos sin hacer nada que nos lleve al confinamiento solitario, o «el hoyo», por una infracción disciplinaria.

Nuestras voces se quiebran, débiles gemidos en un vasto espacio abierto sin césped, expuestas al sol abrasador del suroeste. Estamos cercadas por vallas metálicas y alambre de púas, y aunque nos encontramos al aire libre, el mundo exterior se ve distante.

Recientemente, una compañera caminó por el perímetro interior de la cerca intentando averiguar si sería posible realizar una protesta para que la gente supiera que estamos aquí, para contarles lo que está sucediendo dentro de Eloy. Cuando nos informó a las interesadas, su voz estaba cargada de desilusión. «Estamos lejos de todo», dijo. «No vi personas ni carros. Estamos en medio de la nada». Más tarde me enteré de que muchos centros de detención, operados bajo contrato con el Servicio de Inmigración y Control de Aduanas de Estados Unidos (ICE, por sus siglas en inglés), se encuentran en lugares similares, lejos de las ciudades, fuera de la vista de los ciudadanos comunes y corrientes.

Aislamiento y desolación... es por esto que los círculos de oración son un sustento, un rayo de luz y un soplo de esperanza en nuestra oscura y asfixiante existencia dentro de Eloy. Si mis solas plegarias no son suficientes —y empecé a dudar de que fueran efectivas—, estoy segura de que la invocación colectiva de tantas madres podría llegar a los oídos de Dios y tocar su corazón.

Pero a finales de junio, más de dos meses después de mi detención, ya no estaba tan segura de que Dios me fuera a liberar de la prisión física y psicológica en la que me encontraba atrapada junto a tantas otras madres desesperadas. Mis oraciones cambiaron. En abril y mayo recé por reunirme con mis hijos. El hecho de que mi oración no tuviera respuesta me indicó que quizás tenía que pedir algo diferente. Quizá necesitaba soltar mi deseo de estar con mis hijos, quizás era egoísta. Si Dios tenía una razón para que yo permaneciera presa en Eloy, la aclararía a su debido tiempo. Entonces comencé a centrar mis plegarias en lo que creía que mis hijos necesitaban. «Por favor, Dios», rogué una noche recostada en mi litera mientras luchaba por conciliar el sueño, «que mis hijos estén con alguien que los cuide como si fueran suyos».

He estado leyendo un libro titulado *La llave para su fin esperado*. La autora, Katie Souza, también estuvo en prisión, y sus palabras me conmueven profundamente. Ella experimentó una transformación: la prisión cambió su vida, la hizo una mejor persona. Al leer se me ocurre que, aunque yo no hubiera elegido este lugar, acaso esté aquí, en el Centro de Detención Eloy, por una razón. Aquí Dios tiene toda mi atención, sin distracciones externas, y Él puede moldearme. La cárcel, y el Centro de Detención Eloy es sin duda una prisión, no es una experiencia grata. Ciertamente no es un hotel de cinco estrellas. No hay privacidad ni siquiera cuando vas al baño. Al principio negocias con tu compañera de celda: te das la vuelta cuando necesite usar el baño, y haré lo mismo por ti. Es difícil estar en una prisión, sin embargo, te despoja hasta dejarte en tu esencia, y pueden ocurrirte cosas que te conviertan en una mejor persona. Dios obra aquí.

Una vez que me di cuenta de todo esto, mis oraciones se transformaron, algo cambió; lo intuí. Comencé a tener sueños vívidos, sueños tan poderosos y reales que me dejaban agotada y desorientada, preguntándome si estaba dormida o despierta. El que más me afectó ocurrió la mañana del 26 de junio, justo después del desayuno.

Nuestros días tienen un ritmo predecible y monótono. Las celadoras nos despiertan a las cuatro y media de la mañana y nos ponemos en fila para desayunar a las cinco. Luego de comer deprisa un huevo duro frío y avena insípida, alimentos que bajan pesados al estómago y se asientan allí durante horas, nos conducen de regreso a las celdas a las seis, encerradas de nuevo a la espera de que termine uno de los varios recuentos durante el día. Me acuesto en mi litera, intentando encontrar sin éxito una posición cómoda. El delgado colchón extendido sobre el marco metálico de la cama nunca ofrece descanso o alivio, y el aire acondicionado sopla implacable directamente sobre la cama inferior. Siempre procuro cubrir la entrada de aire con una camisa vieja, pero no sirve de nada; las delgadas cobijas que nos dan no son suficientes para mantenernos abrigadas. Tiemblo y me abrazo tan fuerte como puedo.

Hay muy poco que hacer durante el encierro y el conteo, y ese día estaba cansada, así que me quedé dormida poco después. Empecé a soñar casi de inmediato. Estoy de pie en una oración, y empiezo: «Dios, guía mi camino y dame la sabiduría para entender que estoy haciendo lo correcto». De repente, una voz dice: «Lee Mateo 6:4-30».

—¿Quién interrumpe la plegaria? —pregunto molesta. Pero cuando volteo para identificar al intruso, descubro que nadie ha dicho una sola palabra.

La voz insiste: «Lee Mateo 6:4-30». En el sueño, busco algo con qué escribir aquellos versículos, pero en ese mismo momento me despierto.

Creo en el poder de los sueños. Mi madre ha tenido muchos sueños proféticos en su vida, sueños que le han transmitido mensajes importantes. Por medio de ellos ha recibido respuestas a sus dilemas o soluciones a sus problemas. Han guiado muchas de sus decisiones; conmigo ha sido igual. Quizá nuestras vidas están más entrelazadas de lo que creo.

A pesar de no haber estado segura si me encontraba despierta o aún soñolienta, busqué mi Biblia. Los versículos de Mateo parecían iluminados, como si fueran un mensaje expreso para mí. Abordan muchos de los grandes temas de la humanidad, incluidos los actos de fe que realizamos en público en busca de aprobación ante los que efectuamos en privado, destinados total y exclusivamente a Dios y su Gloria. Estos también hablan sobre el perdón, sobre perdonar a quienes nos han ofendido para que también podamos ser perdonados por Dios. Describen los tesoros de la Tierra y del Cielo, y se refieren a nuestros ojos como la luz del cuerpo, las linternas del alma. Mencionan a Dios y a las riquezas, y nos recuerdan que nadie puede servir a dos dioses. Tratan sobre los creyentes que poseen una gran Fe y los que carecen de ella, y parecen plantear las siguientes preguntas: «¿Qué clase de creyente eres?». «Cuando haces una ofrenda, ¿pides algo siempre a cambio?», «¿Sabe tu mano derecha lo que hace la izquierda?».

Con un lápiz romo dibujé asteriscos y otros símbolos y tomé notas al margen de los versos para recordar cuáles palabras ameritaban mi atención. Luego fui a la parte posterior de la Biblia, donde hay páginas en blanco para escribir, y anoté mi sueño. Supe de inmediato lo que tenía que hacer. Tenía que soltar las riendas. Tenía que ser una creyente de mucha Fe. Alguien que diera sin pedir nada a cambio. Tuve que rendirme completamente a Dios, dejar de pedir lo que quería. Tenía que simplemente decir: «Que se haga Tu voluntad».

Ese fue el momento preciso en que las cosas comenzaron a moverse a mi favor. Sentí una ligereza en mi cuerpo y mi ser, una paz diferente a la que había experimentado en muchos años, quizá jamás y, sin duda, por primera vez desde que estaba detenida en Eloy.

Mi sueño puso las cosas en marcha. José Orochena me visitó el 9 de julio de 2018. Dos días después, las puertas de Eloy se abrieron de par en par y pude salir al árido aire de Arizona, entrecerrando los ojos a causa del calor abrasador.

2

Puertas

No era, por supuesto, la primera vez que le pedía a Dios una señal. En mis constantes conversaciones con Él, le había pedido muchas veces que me mostrara una puerta: así yo podría cruzarla con confianza y Fe. Sólo necesitaba ver dónde estaba.

A veces esa puerta es literal. Así fue en 2014, cuando llegué a Estados Unidos por primera vez.

Después de que mi esposo, Juan Alberto, fuera asesinado en 2008, fue como si vislumbrara una tormenta de terror en el horizonte de mi vida. Yordy, mi hijo mayor, tenía sólo cinco años y no podía explicarle cómo y por qué habían matado a su padre. No existen palabras adecuadas para dar sentido al agujero que se abre cuando algo así sucede, más aún cuando se trata de un niño.

Al principio me guardé la noticia de la muerte de Juan Alberto. Recibí la llamada muy temprano aquel día; no vivíamos juntos en ese momento, pero siempre me llamaba a las seis de la mañana. Cuando sonó el teléfono, estaba segura de que era él.

19

Noté, sin embargo, que era un número diferente, el de mi suegra. Respondí con recelo. Con una voz que recordaré por el resto de mi vida, dijo:

—Mataron a Juanito, mi niño.

—¿Qué? ¿Cómo? ¿Quién? —Quería gritar, pero me contuve para no arrancar de sus dulces sueños a Yordy y a su hermana menor, Dulce, de tan sólo dos años.

Desperté a los niños con suavidad y tomamos una combi hacia Huehuetenango, donde vivía mi suegra. Yo estaba destrozada, no podía controlar el llanto. De camino me encontré con una mujer que había sido íntima amiga de Juan Alberto y que siempre le tuvo mucho cariño. «¿Qué pasa, Rosy?», preguntó, temiendo mi respuesta. En Guatemala casi todos han sufrido el asesinato de un ser querido. Somos una nación cuyos fantasmas flotan en el aire a nuestro alrededor, un país de muertos vivientes.

—Juan Alberto falleció —le respondí, incapaz de contener el río de lágrimas. Me compró una botella de agua e intentó consolarme, pero fue inútil. Mi hermana llamó y me preguntó dónde estaba. Le dije que no estaba en casa, pero aún no quería compartir la noticia con mi familia. Éstas, sin embargo, viajan rápido en Guatemala, y algunos de mis hermanos se presentaron prontamente en casa de mi suegra también.

El sepelio de Juan Alberto fue un extraño sueño febril, muy diferente a cualquier otro funeral al que haya asistido. Su familia decidió sepultarlo en otro pueblo, por lo que tuvimos que viajar durante varias horas para llegar allí. En nuestra localidad, cuando vas a un entierro, todos —incluso el más pobre— traemos flores y las depositamos en el ataúd o en la tumba. En el cementerio, el ataúd se coloca sobre una losa de concreto antes de ser cubierto. La entrada conduce a un andador de concreto y todos desfilamos por la acera con nuestras flores. Nos detenemos ante el ataúd, protegido del sol y la lluvia por un techo de lámina, y colocamos nuestras ofrendas mientras las velas parpadean en el suelo, a los pies del cadáver. Lloramos al tocar el ataúd y hacemos vigilia hasta la inhumación.

Cuando llegamos al pueblo donde se llevaría a cabo el funeral de Juan Alberto, no vi flores: nadie llevaba un ramo o siquiera un tallo, sólo yo, y tampoco había en el cementerio. En su lugar había una enorme pila de costales. Algunos estaban llenos de maíz, otros de azúcar: costales y más costales apilados en una gran montaña. Al lado del enorme túmulo había tres ollas gigantescas de barro, tan anchas como cuando formas un círculo con los brazos, y tan hondas que llegaban a la altura de las caderas. En una había arroz y en otra tamales. No recuerdo lo que tenía la tercera. Todos estaban comiendo… ¡allí mismo! Después de hartarse de comer, recolectaron la mayor cantidad de comida posible, metiéndola en bolsas de plástico para llevárselas a casa. «Esto es muy extraño», pensé, intentando entender lo que ocurría.

Había tantas personas allí y yo, francamente, ¡no conocía a nadie! En ese entonces tampoco sabía que la tradición en ese pueblo, tan diferente a la mía, era que todos asistían a cada sepelio aunque no conocieran al fallecido. Yordy observaba a la multitud y se maravilló ante sus rostros empapados en lágrimas.

Quería llorar también, pero las suyas se resistían y no brotaban. ¿Por qué había tanta gente que ni siquiera conocía a su padre, que no habían montado a caballo con él, que nunca habían saltado sobre sus rodillas ni sentido la agradable aspereza de su mano sobre sus cabezas, y que lloraban como si hubieran perdido a un ser querido, a alguien que amaban?

No sabía cómo responder a sus preguntas. Por un lado, la presencia de tantos desconocidos era tan rara para mí como para él. Por otra parte, estaba angustiada, preocupada por las crecientes necesidades de mi familia y por el hecho de que la muerte de Juan Alberto me había convertido en la cabeza de la familia y única proveedora, tal como le sucedió a mi madre. Observé los restos de mi esposo ser enterrados dentro de un nicho marcado únicamente con sus iniciales: J.A.M.V. No pudimos pagar para que su nombre completo fuera cincelado en la piedra. Espero poder regresar un día al pueblo a remplazar la losa de concreto con una que tenga grabado su nombre completo. Espero volver, tocar la piedra con mi mano y contarle sobre mis años sin él, lo que nuestros hijos y yo hemos sufrido, pero también en quiénes nos hemos convertido.

Tuve poco tiempo para guardar luto. Estaba embarazada de siete meses de mi hija menor, Britny, e iba a tener mucho más que hacer, además de responder preguntas y consolar a mis hijos, si no regresaba lo más pronto posible a trabajar. Le di a Juan Alberto el último adiós e hice el largo viaje de vuelta a San Antonio Huista.

Los días siguientes fueron los más oscuros que jamás había

vivido. Estaba inconsolable y caí en una profunda depresión. No quería cuidar de mí misma. No quería vestirme ni maquillarme, como solía hacer antes de su muerte. Siempre me había enorgullecido de mi apariencia y me gustaba verme bien, pero ahora apenas podía levantarme de la cama para cepillarme el pelo o los dientes.

Cocinaba para mis hijos y me aseguraba de que estuvieran atendidos, pero la energía que esto requería era toda la que era capaz de reunir. Después de darles de comer salía y caminaba cerca de la casa para encontrar un lugar donde nadie me viera llorar. Mi familia y yo estábamos unidos, pero intenté guardar distancia, evitaba sus preguntas y sus palabras de consuelo. Si alguien podía entender lo que estaba viviendo era mi madre, que también había perdido a su esposo a temprana edad y con hijos, incluyéndome, de más o menos la misma edad que los míos. Trató de hablar conmigo, preguntándome con delicadeza: «Mija, ¿cómo estás?», pero ni siquiera pude contestarle aunque fuera mi principal confidente. Estaba sumida en el dolor.

Un tiempo después del asesinato, empecé a beber. Nunca había tenido problemas con el alcohol, pero ahora sentía que necesitaba cerveza o tequila. Se había abierto un gran agujero en mi pecho e intentaba llenar ese vacío con alcohol. Me emborrachaba y luego me sentía culpable. Me asqueaba que mis hijos me vieran así. «¡Qué estúpida!», pensaba, juzgándome con dureza, pero era incapaz de cambiar mi comportamiento. Sabía que mis hijos intentaban sobrevivir y superar la muerte de su padre, pero allí estaba yo: perdida y desmoronándome. «Estoy bien, estoy bien; no se preocupen por mí», les decía mientras me miraban con inquietud y miedo. Pero en realidad estaba destrozada y no tenía idea de cómo reponerme. Intentaba dormir pero no lo conseguía. Mi mente era como una computadora que procesaba grandes cantidades de información. Quería apagarla, pero no se puede apagar la mente humana. Las cosas no funcionan así.

Quizá parezca raro —a mí también me suena extraño—, pero a pesar de que nuestra relación no haya sido la mejor, sentí que parte de mí murió cuando mataron a Juan Alberto. En cierta forma, comprendí que él actuaba de la manera en que lo hacía —posesivo y controlador— porque sus experiencias de vida también lo hirieron y envenenaron, al igual que a muchas otras personas. Observo una foto nuestra, que nos tomamos antes de su muerte, y noto cuánto dolor cargábamos, cuán posesivo era conmigo por la forma en que su brazo se aferraba alrededor de mi pecho. Intento no hacerlo, pero no puedo evitar pensar en lo que pudo ser. ¿En quiénes nos podríamos haber convertido juntos? ¿Qué tipo de vida pudimos haber construido para nuestros hijos? ¿Cómo pudimos haber sanado el dolor del otro, si hubiésemos contado con más tiempo?

A pesar de nuestros problemas, lo amé profundamente. Su muerte me dolió mucho, y me dejó con sentimientos que hasta entonces nunca había experimentado. Sentía odio hacia quien lo asesinó, una ira oscura que lo consumía todo. Me decía a mí misma: «Si supiera quién lo mató, lo asesinaría con mis propias manos». Incluso contemplé el suicidio, pero me preguntaba qué pasaría con mis hijos, con Yordy, Dulce y nuestra bebé, Britny.

Ella nació después de su muerte, así que Juan Alberto nunca tuvo oportunidad de conocerla. Mis hijos no habían hecho nada para merecer la pérdida de uno de sus padres, y mucho menos la de los dos si me quitaba la vida. De hecho, la fuente principal de mi dolor por la muerte de Juan Alberto era la conciencia de que nuestros hijos crecerían sin conocer la sensación del abrazo de un padre. Yo misma sabía lo que era eso. Recuerdo perfectamente cómo me afectaba ver al padre de una amiga abrazarla y preguntarme: «¿Cómo se sentirá? Me gustaría saberlo. Me gustaría tener a mi papá».

Las semanas y meses posteriores a la muerte de Juan Alberto fueron una época terrible. Presentamos una denuncia a la policía, pero no querían investigar. A decir verdad, yo tampoco quería que lo hicieran. Tenía miedo de que el asesino me matara a mí y a nuestros hijos. Esto es común en Guatemala. A veces pienso en el interior de cada comisaría en este país, y visualizo montones de carpetas con las denuncias de tantas muertes; cada una la crónica de un dolor que nunca será mitigado. Casi nadie exige lo contrario, nos aterra exponer a nuestras familias a más peligro. Yo estaba entre estas personas.

Nunca supimos quién mató a Juan Alberto. Jamás pudimos cerrar ese capítulo. Nos conformamos con pedir a Dios que nos ayudara con fuerza para continuar. ¿Y yo? Tenía que volver a trabajar.

En cierto modo tuve suerte, porque tenía un trabajo y muchas personas carecen de él. El desempleo es un problema enorme en mi país. Incluso las personas acomodadas que van a la escuela y obtienen un título se dan cuenta de que es difícil, por no decir imposible, encontrar un trabajo decente y bien remunerado. Si lo encuentras, probablemente es porque tienes dinero o conexiones. No provengo de una familia con estos privilegios. Mi madre nunca fue a la escuela y no sabe leer. Tampoco conocía a personas «importantes», ni tenía conexiones que pudieran allanarle el camino o el nuestro. Se ganaba la vida y el respeto siempre trabajando muy duro, ya fuera viviendo en casa ajena como sirvienta, limpiando la casa, lavando la ropa y haciendo tortillas, o comprando productos al por mayor, como frijoles, y revendiéndolos en el mercado local.

Después de años y años trabajando por muy poco, consiguió ahorrar lo suficiente para establecer su propio «comedor», un puesto de comida en el mercado del pueblo. A pesar de sus setenta años, sigue trabajando todos los días, enseñando a alguna de mis sobrinas o primas a cocinar: cómo hacer buenas tortillas, o a preparar el rico caldo que es la base de la popular sopa de pollo de Guatemala. Siempre anda con un delantal en la cintura, y sus manos entran y salen de los bolsillos para devolver cambio a los clientes que compran frutas o verduras en su negocio. Todos aprendimos de mi madre a esforzarnos por ser mejores, a sobrevivir respetando a las demás personas, a tener valores. Ha sido mi mejor ejemplo, mi inspiración.

Mi propia escolaridad fue limitada, pero tenía un espíritu emprendedor y era muy trabajadora. Antes de la muerte de Juan Alberto estaba decidida a ofrecerle una vida estable a nuestra familia. Logré obtener un préstamo y así conseguí tener mi propia tienda, donde vendía ropa y accesorios para mujer. Ante los ojos de cualquier persona parecía un buen trabajo, y uno bastante fácil, se trataba meramente de estar parada detrás del mostrador todo el día y esperar a que llegaran clientes. Sin embargo, después de la muerte de Juan, estaba exhausta, sin energías, a causa de mi depresión. Sabía lo que se necesitaba para tener un negocio exitoso en un pueblo pequeño, y era una emprendedora exigente. Me levantaba mucho antes del amanecer para cargar mis productos, subir la cortina metálica de la entrada de la tienda y pasar las siguientes horas organizando la mercancía. La competencia era implacable y feroz. Más del 59% de los guatemaltecos viven por debajo del umbral de pobreza, así que no existe «dinero para gastar». Los comerciantes luchamos constantemente por obtener cada quetzal. La forma en que conseguía persuadir a los clientes de gastar su dinero conmigo era diseñando atractivas exhibiciones; siempre me aseguraba de tener un inventario variado y novedoso. Destacaba entre los demás abriendo antes y cerrando más tarde la tienda; mantenía un horario constante.

Este tipo de dedicación conduce al éxito, por más modesto que sea, pero también tiene un costo. En Centroamérica los dueños de negocios son con frecuencia el blanco de pandillas criminales cuyos miembros usan la extorsión para extraer más dinero de la economía legítima y canalizarlo hacia lo clandestino. Establecen un «derecho de piso» a los comercios: paguen, dicen, y nos aseguraremos de que no tengan ningún problema. Este pago no es algo que se pueda elegir; si uno decide no contribuir, paga el precio con un acoso continuo, o incluso con la muerte, no sólo para los dueños de negocios, sino también para las familias. Este sistema criminal ha sacado de la actividad a muchas tiendas, e incluso les ha costado la vida a vendedores mucho más modestos, como una mujer de cuarenta y ocho años que hacía tortillas y las vendía en un puesto de madera que instaló en una acera en la ciudad de Escuintla. Apenas se ganaba la vida, así que no tenía dinero para pagar el derecho de piso. La asesinaron brutalmente por negarse, disparándole y abandonándola en plena calle.

Tres años después de la muerte de Juan Alberto, yo misma estuve a punto de perder la vida. Una tarde de 2011, de camino a casa al anochecer, tomé un atajo por un callejón. En el otro extremo vi al que intentaría asesinarme, pero no me llamó la atención al principio: era un hombre joven con una gorra de béisbol pasando el rato como los muchachos de su edad. Varias de las casas en esa parte del vecindario alquilaban habitaciones a estudiantes, quizás era uno de ellos. No había razón para tener miedo. Fue sólo cuando lo vi bajar la visera de su gorra, como para cubrir sus ojos, que mi piel comenzó a erizarse ante su presencia, imaginando sus motivos. Sacó un arma y disparó antes de que pudiera darme cuenta de lo que sucedía.

La primera bala me penetró en la muñeca izquierda. Esa noche me dirigía a casa desde el puesto de comida de mi madre en el mercado. Dejé caer el balde que cargaba e instintivamente levanté los brazos en forma de una «x» como si pudiera así protegerme la cara y el pecho, como si hacerlo me librara de los disparos. La segunda bala me atravesó la muñeca derecha. Grité para pedir ayuda: me volteé y corrí tropezando para salir del callejón, me metí en una casa que tenía la puerta abierta y rogué al dueño que me ayudara. El tirador huyó.

La sangre manaba de mis heridas. Mi brazo derecho parecía una flor: tenía la piel abierta como pétalos a punto de marchitarse, exponiendo el interior. El color carmesí teñía mi ropa, los riachuelos fluían hasta manchar mi ropa interior; por dondequiera que fuera, dejaba un rastro. Cuando llegaron los bomberos y me llevaron a una ambulancia, escuché a una enfermera preguntar si estaba con la regla. Yo sentía que flotaba sobre la escena y que era incapaz de hablar. Un espectador respondió: «¿Cómo puede preguntarle eso? ¿No ve que está cubierta de sangre? ¡Recibió un tiro! ¡Le dispararon! ¡Eso no es su regla!». Los minutos se alargaron en lo que parecía una eternidad, la sangre escurría por mis piernas y se acumulaba en mis zapatos. Los bomberos me cortaron los pantalones con unas tijeras, me quitaron los zapatos y los pusieron a un lado. Aún recuerdo perfectamente que eran púrpura.

No creía tener enemigos, pero era obvio que alguien deseaba mi muerte. La noticia me llegó como suele suceder en un pueblo pequeño: quizás era una exnovia celosa del hombre con el que estaba saliendo, Nery, que deseaba hacerme desaparecer del panorama. Habíamos empezado a salir a finales de 2010, tiempo suficiente para que la envidia y el resentimiento se instalaran en el corazón y la mente de una persona enamorada que esperaba ser correspondida, alguien que pensaba que podía domesticarlo y hacerlo suyo hasta consagrarlo a ella. Lo que se decía en la calle era que su ex había pagado a un sicario para que me matara. ¿Era este realmente el caso? No estaba segura, pero parecía probable.

Ciertamente no se trataba de un crimen al azar. Sin duda, el hombre que me disparó conocía mi horario y estaba al tanto de mis idas y venidas. Sabía que pasaría por ese lugar exacto, alrededor de esa hora desde el mercado, donde ayudaba a mi madre a cerrar el negocio por las noches. Sabía dónde vivíamos, y que el camino a nuestra casa era el mejor lugar para asesinarme. Como las favelas en Brasil, las casas estaban escalonadas sobre una colina, dispuestas a lo largo de un solo camino pavimentado que subía en línea recta. No había salida por la parte superior y nuestra casa era la última de la calle: no tendría escapatoria. En un pueblo pequeño como el nuestro, no es difícil descubrir los hábitos de alguien y aprovechar su rutina para hacerle daño. Los pueblos pequeños facilitan la violencia y la extorsión. La geografía de la pobreza los hace aún más vulnerables.

Independientemente del motivo del tirador o de quién le haya dado instrucciones para matarme y pagado por intentarlo, el atentado fue un llamado de alerta. ¿Cómo podría haber sido de otra manera? Durante el segundo disparo, el que atravesó mi muñeca derecha, estaba conversando con Dios. «Dios, si muero ahora mismo, ¿a dónde irá mi alma? Por favor, ten piedad de mí», supliqué. Sabía que mi relación con Nery era un problema. Nery, un mujeriego veinte años mayor que yo, estaba casado. En

2012, cuando me embaracé de nuestro hijo, Fernando, sabía que su esposa también lo estaba. Con el tiempo me di cuenta de que nuestra relación no podía llamarse de otra manera: un adulterio.

Mientras me desangraba en el piso de concreto de aquel vecino esperando la ayuda, le pedí a Dios que me diera la oportunidad de arreglar mi vida y permitirme vivir sin pecado. «Ten misericordia, Señor», susurré mientras me esforzaba por respirar. Esa fue la palabra que me salvó: MISERICORDIA. Lo sé en mi corazón. Dios me permitió vivir para poder corregir mi camino y cumplir mi promesa.

Pasaron un par de años antes de que yo terminara esa relación, pero Dios fue paciente y me dio esa oportunidad.

———

Mi hermano, Delfino, viajó conmigo en la ambulancia. Siempre es la primera persona en aparecer, a pesar de sus propios problemas, que no son pocos. En el hospital, a más de una hora de casa, me limpiaron las heridas y me cosieron sin anestesia, lo cual dolió tanto como te puedes imaginar. Al día siguiente, me trasladaron a una clínica más cercana, donde los médicos me operaron los dos brazos. Las cicatrices estarán ahí siempre para recordarme el terrible misterio sin resolver. Al igual que con el asesinato de Juan Alberto, denunciamos el atentado a la policía. El documento, que vi más tarde, estaba lleno de errores, era un inútil informe de lo sucedido que nunca conduciría a la captura o condena del delincuente.

Cuando regresé a mi ciudad tuve que caminar con la cabeza

en alto, actuando como si no tuviera miedo, a pesar de que por dentro estaba aterrorizada. No podía mostrarlo porque no quería asustar a mi madre aún más. Tampoco quería que mis hijos se atemorizaran, y mucho menos parecer vulnerable ante nadie que pudiera hacernos daño. Como el asesino había fracasado en su propósito, siempre existía la posibilidad de que volviera a intentarlo. Tenía que demostrar que era valiente, pero en verdad estaba aterrada todo el tiempo. Si escuchaba una motocicleta o un carro detenerse detrás de mí, se me ponía la piel de gallina y me entraba un sudor frío. También comencé a tener pesadillas sobre personas que me perseguían. No se lo dije a nadie, quería proteger a mi familia, aun cuando no tenía a nadie que me protegiera.

Así es la vida en Guatemala. Una vez que se ponen en marcha las ruedas de la violencia, no se detienen. Siguen rodando hacia adelante. El motor puede estar inactivo durante un tiempo, pero la terrible máquina al final seguirá funcionando, poco importa quién se interpone en su camino; te arrollará impunemente. Poco puedes hacer una vez que estás en la mira, quizás nada, para salvarte, a no ser que veas una puerta y la atravieses.

———

Tres años después del tiroteo estaba en mi tienda arreglando los exhibidores, reorganizando los vestidos de lentejuelas con el propósito de llamar la atención de mis clientes, y acomodando accesorios: cinturones para lucir más delgada, así como collares y aretes para dar al atuendo ese toque especial. De pronto, una conocida se detuvo para saludar y ver cómo estaba. La verdad, le dije, es que me encontraba destrozada emocionalmente. La tristeza por la muerte de Juan Alberto, y lo que eso significó para mis hijos, nunca se disipó, aunque yo estuviese funcionando mejor. Recibir aquellos disparos me dejó más inquieta y ansiosa, y seguía bajo un asedio constante, incluso tres años después del tiroteo. Siempre esperaba que sucediera algo terrible, y un estribillo constante cruzaba mi mente: «¿Qué hago? ¿Qué hago?». Buscaba incansablemente, pero no podía ver un camino que seguir, una salida. «Dios mío», suplicaba, «por favor, abre una puerta para mí». Y luego, sin pedirlo, sin siquiera haberle dicho a mi amiga que pensaba irme de Guatemala, me dijo que podía prestarme dinero si quería hacer el viaje a Estados Unidos.

No había tiempo para planificar. Apagué las luces de la tienda, cerré la cortina de metal y corrí a casa. «Ma», le dije, «me voy». No necesitaba explicar a dónde; en Centroamérica, el resto de esa oración se escribe por sí misma. Mi decisión fue muy rápida. Agarré a mi hijo menor, Fernando, llené una maleta con lo esencial y me fui. Ni siquiera pude esperar a que Yordy, que tenía doce años, o mis niñas, de ocho y seis, volvieran de la escuela, así que no me despedí. La puerta de la oportunidad se abrió y la crucé porque sabía con certeza que era ahora o nunca. Yordy dice que cuando llegó simplemente lo adivinó, no porque yo le hubiera hablado alguna vez sobre mi deseo de ir a Estados Unidos, sino por la dolorosa y entristecida mirada de mi madre, que fue incapaz de ocultar ante él.

Para alguien que nunca ha vivido bajo el miedo de las amenazas constantes de violencia, mi decisión podría parecer, en el mejor de los casos, imposible de entender, y terriblemente egoísta en el peor de ellos. La mayoría de la gente no se atreve a preguntarme, pero cuando cuento mi historia puedo ver, en la forma en que sus ojos cambian, que ansían preguntarme: «¿Cómo pudiste dejar a tres de tus hijos? ¿Por qué elegiste al niño que te llevaste? ¿Era realmente imposible que esperaras unas horas más para despedirte? ¿Quién les explicó tu decisión a los niños y cómo?».

En los rostros percibo todas esas preguntas, encerradas no sólo entre signos de interrogación, sino también de exclamación que resaltan su juicio sobre mí. Piensan, quizás, que soy egoísta, que no me importan mis hijos. ¿Cómo les explico que las decisiones más perturbadoras que he tomado como madre he tenido que hacerlas en una fracción de segundo? En los pueblos pequeños de Centroamérica no se puede esperar a que las noticias circulen. Cada momento de duda permite que tu plan llegue a algunos oídos más. Así pueden intentar detenerte, imposibilitar tu escape. Podría incluso darles suficiente tiempo para tomar un arma, guardársela en la cintura e ir tras de ti con ansias de asesinarte.

Otra pregunta que la gente quiere hacerme, pero que se reservan, es: «¿Qué pasó con tu madre? ¿Cómo pudiste dejarla con tanta responsabilidad? ¡A una mujer mayor que ha trabajado tan duro toda su vida no debería tener que criar a sus tres nietos!». La noción y significado de una familia extendida y de nuestras responsabilidades mutuas es difícil de explicar a los estadounidenses. En Estados Unidos los niños crecen, se van de casa. Se mudan lejos, dejan a sus padres y comienzan una familia en otro lugar, incluso al otro lado del país. Se ven de cuando en cuando, quizás una vez al año, o dos si tienen suerte. En Guatemala crecemos, nos quedamos en casa (o al menos en el mismo pueblo), tenemos hijos y no existe una «familia extendida». Somos simplemente una familia, y los papeles y las responsabilidades sobre quién se ocupa de quién no son tan rígidos como en Estados Unidos. Todos somos responsables de los unos de los otros.

¿Estaba triste y preocupada tras dejar a mi madre? ¡Por supuesto! Estaba tan angustiada por dejarla como por dejar a mis hijos. Uno de mis mayores deseos en la vida es estar siempre al lado de mi madre y aliviar su carga. Entre las muchas cosas que la gente no entiende acerca de la migración es que nadie quiere dejar a la gente que ama. La mayoría no quieren abandonar la tierra donde nacieron o el lugar donde se enterró su cordón umbilical. Si estuvieran seguros de que quedarse garantizaría su supervivencia, no tendrían necesidad de emprender un viaje tan traicionero. No atravesarían esa puerta, luchando contra el impulso de volver la mirada con la nostalgia más profunda que uno es capaz de sentir. Pero como saben que están en riesgo, ponen un pie delante del otro e intentan no voltearse, tratan de mantenerse firmes aun cuando sienten partirse en dos trozos irregulares que jamás volverán a encajar perfectamente.

———

Cuando esa puerta se cierra detrás de ti, tus seres queridos están al otro lado. La golpean y al final se agotan tras el esfuerzo y la emoción, se derrumban y lloran, miran por debajo del umbral en busca de tu sombra. Pueden aceptar que te hayas ido. Incluso pueden entenderlo. Pero quedarse, ver cómo la puerta se cierra en su cara, es algo que nadie olvida. Y el que se va tampoco lo hace. La culpa y el miedo se apoderan de tus entrañas, y aunque se asuma que era la única opción, no se puede saber si fue la correcta. Puede que no se sepa hasta años después. No tener la certeza de muchas cosas te carcome incansablemente.

Años después, sentado en una mesa en Nueva York, Yordy les contará a sus amigos lo enojado que estaba cuando me fui; su furia y desesperación eran tales que tomó una cerveza del refrigerador de uno de sus tíos y contempló la idea de bebérsela de golpe en un solo trago. En cambio, arrojó la botella al otro lado de la habitación y se rompió en mil pedazos, igual que su corazón.

3

Hambre

Crecí padeciendo hambre, siempre con hambre.

Ahora, cuando miro la única foto que tengo de mi niñez, mis ojos de adulta se encuentran con la mirada insolente de la Rosy de seis años, y la recuerdo perfectamente. Hace que me duela el corazón. Tiene un flequillo que ha quedado desigual por el corte de pelo casero que salió mal. Lleva un vestido que no le queda bien ajustado, y se encuentra incómoda donde está parada, detrás de una gran roca esconde sus pies para que el espectador no se entere de lo que ella y el fotógrafo saben, lo que acuerdan mantener como un secreto compartido: que Rosy no tiene zapatos. Los únicos que tenía, unas sandalias endebles, estaban rotas y no podían repararse; su madre no tenía dinero para comprar unas nuevas. Ni siquiera tenía dinero para comida.

La Rosy de seis años tiene mejillas regordetas, o así se ven, tan convincentes en su redondez rojiza que Yordy, casi treinta años después, exclama: «¡Ma, mira qué gordita eras!» cuando ve la borrosa foto por primera vez.

—Eso no es gordura —lo corrijo—, esa es el hinchazón del hambre.

Tan pronto como lo digo su expresión se deshace. Su cara se llena de tristeza y lamento inmediatamente mis palabras.

No es que Yordy desconozca lo que significa tener hambre, pero yo pasé mis primeros años de vida acunando mi estómago, días interminables tratando de ignorar sus insistentes gruñidos. Mi padre murió cuando yo tenía tres años, y entonces el hambre se hizo honda y dura. Antes de que él falleciera, mi madre cultivaba flores al lado de nuestra casa, que estaba rodeada por hectáreas de cafetales, junto con otros alimentos, los suficientes para que todos comiéramos incluso en tiempos especialmente difíciles. Cuando mi padre murió de cáncer de lengua, todo, al parecer, comenzó a cambiar. De repente éramos más que pobres, al punto de buscar en la alacena una tortilla y no encontrar ninguna. La rapidez con la que puedes pasar de la pobreza «normal» a la pobreza extrema es vertiginosa y aterradora. Me conmueven profundamente los trabajos que pasó mi madre, cuánto intentó cuidarnos, cuánto trabajó sabiendo que aun así no era suficiente, y lo difícil que debió resultarle tomar ciertas decisiones.

Uno de los hermanos de mi padre vino a vivir con nosotros con la intención de acompañar y ayudar a mi madre porque nuestra casa estaba lejos de la ciudad, en una aislada zona boscosa. El objetivo, según él, era apoyarnos económicamente, mantendría activos los cultivos de café de mi padre y nos protegería. Pero fue un periodo problemático en Guatemala: hubo una guerra civil, guerrillas, y la muerte estaba en todas partes. Mi padre, antes de morir, no quiso saber nada de eso. Mientras otras personas huían, él insistió en que no lo haríamos, ¿por qué? No estaba involucrado en la política ni en ninguna actividad ilícita, por lo que creía que no tenía razón para huir. «Si llega la muerte, que llegue», dijo. «No nos vamos a mover por miedo». Cuando salía a trabajar en los cafetales se llevaba una bandera blanca y la ataba a un árbol o a sí mismo para que cuando la gente lo viera, ya fuera en tierra o mediante vigilancia aérea, supieran que sólo estaba trabajando, que no le interesaba la política. Pero la muerte, por supuesto, siguió presente.

En ese entonces mi madre tenía un pequeño negocio de venta de frijoles, por lo que viajaba a México con frecuencia. El recorrido generalmente tomaba dos o tres días: uno para llegar a México y comprar los frijoles; otro para quedarse en una casa cerca de la frontera, donde limpiaba y empacaba los frijoles a fin de esconderlos y evitar que su pequeña ganancia se perdiera con un impuesto a la importación; y uno más para regresar a casa. A veces cruzaba la frontera de un lado a otro con mi hermana mayor, Elvira, quien básicamente nació trabajando y tampoco fue la escuela en su vida, como mi madre.

El resto nos quedábamos esperando, algunos con los abuelos y otros con tías y tíos paternos. Estábamos esparcidos como semillas de maíz en los rincones de un campo. Con la excepción del tío que vivía con nosotros, todos odiaban a mi madre. Se burlaban de su origen indígena y de que hablara mam, una lengua maya.

Su crueldad no conocía límites. Le jalaban el cabello y la empujaban. Ella no tenía una familia que la ayudara y ellos lo sabían, así que la humillaban de muchas maneras.

Mis tíos también querían la tierra de mi padre, y planeaban quitársela a mi madre. Llenaban nuestras mentes con pensamientos confusos sobre ella:

—Saben que es responsable de la muerte de su padre, ¿no? —decía una tía con sonrisa burlona—. Si le hubiera dejado vender la casa, habrían tenido suficiente dinero para pagar su tratamiento contra el cáncer. No quería que él mejorara. De no ser por ella, seguiría vivo.

No le creyeron cuando explicó que los médicos de la capital, donde lo llevó para recibir tratamiento, dijeron que no mejoraría, que no había cura. Le realizaron dos operaciones para extirparle una parte de la lengua. No pudieron hacer más. «No hay esperanza», le dijeron a mi madre. «No debería viajar hasta aquí. Llévelo a casa para que descanse». Sus suegros la criticaron mucho por seguir el consejo de los médicos.

«Es una puta», decía alguien más con tanta repulsión que parecía a punto de escupir. «Te deja con nosotros porque no le importas lo suficiente como para llevarte con ella», agregaban, ajenos al dolor que nos causaban. Ese sufrimiento no era sólo emocional: las tías solían decir estas cosas terribles mientras usaban un cepillo áspero de fregar para bañarnos. Cada movimiento se sentía como si nos restregasen sus perversas opiniones sobre la piel.

Cuando uno es joven, la mente es susceptible a cualquier cosa que los adultos le digan. Esto es especialmente cierto cuando dicen algo una y otra vez. La repetición es un arma poderosa. Tiene el efecto de difuminar o borrar cualquier recuerdo o verdad almacenada, sustituyendo una narrativa, la que se sabe verdadera, con otra que podría ser incompleta o totalmente falsa. Y es fácil que la imaginación de un niño dé ese salto lógico, porque su mente carece de experiencia de vida. Tal vez a nuestra madre no le importó lo suficiente, pensaron algunos de mis hermanos, ya que casi nunca estaba cerca. Tal vez era una puta porque estaba embarazada de nuevo. No se les ocurrió que se mataba trabajando para poder ganar nuestro pan de cada día.

El coro de todas estas voces tuvo un impacto terrible y duradero en nuestra familia. Los insultos y las mentiras fueron un veneno de acción prolongada que dificultó que algunos de mis hermanos pudieran confiar plenamente en nuestra madre. Además, en muchos casos, ni siquiera confiaban en sí mismos, por lo que tomaban decisiones que tendrían efectos ruinosos en sus propias vidas. También endureció a algunos de ellos, haciéndolos insensibles cuando de otro modo podrían haber sido más afables.

Una vez, después de uno de sus viajes para comprar frijoles, mi madre llegó a casa y supo que algo andaba mal: unos hombres desconocidos estaban parados en el patio con el pecho inflado y los pies firmemente plantados, como si fueran los dueños del lugar. Se dio cuenta de que estaban armados y dispuestos a todo. Había sangre. A mi hermano le taparon la boca para que no hiciera ruido mientras torturaban a mi tío, el que se había mudado para protegernos. Aunque era pequeña, aún no olvido estas imágenes: había gotas de sangre por todas partes. Incluso las hojas de las plantas estaban salpicadas de rojo.

Días después encontraron un cuerpo a la entrada del pueblo. Se decía que era el cadáver de mi tío. Nunca supimos qué le ocasionó este cruel destino, ni quién fue responsable de su muerte. Mi madre, aterrorizada, empacó todo y nos fuimos.

—Aunque tengamos que andar de casa en casa —dijo, y eso fue lo que hicimos, nos mudamos a once o doce lugares antes de encontrar al fin nuestro propio hogar—, ya no podemos vivir aquí.

Cerró la puerta detrás de nosotros y comenzamos una vida itinerante, trasladándonos por breves periodos de tiempo a casas de personas que tenían apenas un poco más que nosotros. Nos acogían temporalmente, pero no sin antes exigir un pago.

———

La falta de alimento hace que pienses en él constantemente, en cada momento de la vigilia, marcando la forma en que ves a las personas y cómo te sientes sobre ellas. Aunque nos mudamos a menudo y gran parte de nuestras vidas era confusa, no consigo olvidar, incluso décadas después, los recuerdos agudos, dolorosos y perfectamente nítidos de cómo otros usaron la comida para excluirnos o avergonzarnos. Cuando nos fuimos a vivir con una mujer en la ciudad fronteriza de Camojá, ella le decía a mi madre: «Puedes cocinar después de mí». Pero cuando terminaba, apagaaba el fuego meticulosa y cruelmente. Sólo quedaban pequeños trozos de madera quemada, pura ceniza. Mi madre tenía que ir a buscar su propia leña, y teníamos que acompañarla a buscar ramas a las orillas del río para que pudiera cocinar para nosotros.

De hecho, la mañana en que mi madre dio a luz a nuestra hermana menor, Brenda, a quien iba a dar en adopción porque sabía que no podía alimentarla, la mujer con la que vivía mi madre y para la que trabajaba le dijo: «Puede que sientas dolor, pero aún no estás de parto. Prepárame unas tortillas. Necesito comer algo antes de que tengas el bebé». Mi madre tomó la bola de masa y canalizó el dolor de las contracciones en cada movimiento del amasado, en cada golpe que daba forma a la masa entre sus manos. Ahora me pregunto si esas tortillas sabían amargas, con sabor a la resignación y rabia de mi madre.

Cuando uno tiene hambre, uno hace cosas absurdas, cosas que uno no haría si el estómago no molestara como un demonio hambriento, como matar a un pequeño pollo que ni siquiera le pertenece. Eso fue lo que hizo mi hermana Elvira una vez, mientras mi madre estaba en México comprando sus frijoles para revenderlos en Guatemala. Pasaron demasiados días sin que tuviéramos algo que comer, y cuando Elvira lo vio, ideó un plan para perseguirlo hasta la casa y atraparlo. Decir que era un pollo es realmente una exageración, ¡era tan pequeño! Pero ella lo mató: le retorció el pescuezo (¡crac!) y le rajó la garganta con un afilado cuchillo de cocina, escurriendo la sangre: el olor metálico llenó el aire de la pequeña choza. Le arrancó las plumas y lo cocinó. Después excavó un pequeño agujero en el patio y enterró las plumas y el esqueleto, esperando que nadie descubriera lo que había hecho. Lo que ella no sabía es que las otras gallinas volverían a abrir el agujero, dejando al descubierto nuestro acto. Cuando cuenta ahora la historia, ya de adulta, se ríe al principio. Pero después comienza a llorar, las lágrimas se deslizan silenciosamente por sus mejillas mientras su pecho se agita. Se nos hace difícil pensar en lo que hicimos por necesidad, y aún más difícil hablarlo.

———

Al principio era la única que vivía con mi madre mientras iba de trabajo en trabajo y de casa en casa. Por las mentiras de mis tíos, mis hermanos y hermanas se convencieron de la incapacidad de mi madre para cuidarlos; hicieron falta mucho tiempo, muchas discusiones y algunas artimañas para recuperar a algunos de ellos y apartarlos de la amarga influencia de los hermanos de nuestro padre.

Uno de los lugares a donde nos mudamos fue la ciudad de Guatemala, la capital del país, muy diferente de mi pueblo. Pasar de una comunidad rural a una ciudad bulliciosa donde los carros y las motos recorren calles anchas y pavimentadas, donde las personas visten trajes y zapatos pulidos mientras cargan bonitos maletines, eran muchos cambios que procesar, muchas cosas por ver e intentar entender en el agitado entorno. Pero estaba encantada, y la recuerdo como una de las etapas más felices y seguras de mi niñez.

También fue, sin embargo, una de las más breves. Durante

nuestros tres meses allí vivimos con una familia amable y generosa. Recuerdo que había un niño que dejaba diez centavos o un dulce bajo mi almohada cuando yo iba a la escuela. En esa casa siempre teníamos comida. Me podría haber quedado allí para siempre, pero mi madre estaba inquieta, atormentada por el hecho de que no tuviese a todos sus hijos y que viviésemos tan lejos que ni siquiera podía verlos.

Tuvo un sueño en el que estaba en una sala frente a un juez. Cuando entró, mi padre se encontraba allí.

—¿Qué haces aquí? —le preguntó.

—Nada, estoy trabajando.

—No tienes nada que hacer aquí, ¿quieres que me lleve a mis *chompipitos* [pavitos], o los vas a cuidar tú? —le advirtió.

Despertó angustiada. ¿Qué significaban los pequeños pavos? Decidió que lo único que podían representar eran sus hijos. Interpretó que el sueño quería decir que nuestro difunto padre estaba enojado con ella por no tener a todos sus hijos bajo su cuidado. Nuestro breve y feliz episodio en la capital terminó y volvimos a mi ciudad natal y al hambre.

———

Por desgracia, la comida no es como el dinero: no puedes almacenarla en tu cuerpo como el dinero en un banco. Te llena y sostiene sólo por cierto tiempo, se devalúa con rapidez y nunca genera intereses. Ésta es una lección que aprendí demasiado temprano en la vida, y esperaba que mis hijos nunca tuvieran que hacerlo. Pero durante tres generaciones, si no es que más, nuestra familia le ha tocado las mismas cartas una y otra vez: las muertes prematuras de quienes nos sostenían, una pobreza tan extrema que ni el trabajo más duro podía superar y sí, un hambre persistente y atormentador.

———

Años antes, cuando mi madre tenía casi la misma edad que yo en la foto, perdió a su propia madre. Mi abuelo trabajaba la tierra y vendía lo que cosechaba, y solía pasar muchos días fuera de casa. Un día, cuando mi madre tenía siete años, mi abuelo le pidió a su esposa que lo acompañara; mi madre se quedaría en casa. Mi abuela parecía presentir que el viaje acabaría mal, pero una mujer en esos días no cuestionaba el juicio ni las decisiones de su esposo.

En cambio, se preparó en silencio para el traslado e hizo dos cosas que todavía hoy acongojan a mi madre. Primero trenzó el cabello de su hija y le dijo que lo mantuviera bonito y ordenado.

—Si regreso —susurró—, lo desharé y te lo trenzaré de nuevo. Pero si no regreso, mantenlo trenzado para que siga ordenado.

Después, la llamó aparte, donde mi abuelo no las viera, y presionó una llave en su pequeña mano.

—Es de la caja donde guardo nuestro dinero —dijo en voz baja—. No la pierdas. Y si no regreso, nunca le des esta llave a tu padre. Si lo haces, se beberá todo el dinero y te quedarás con nada.

Mi abuelo preparó el caballo mientras se avecinaba una tormenta en el horizonte. Mi abuela no compartió su preocupación en voz alta, pero debió ser evidente. Él la reconvino con buen humor y le dijo que podía quedarse si quería; si la tormenta la asustaba, debía quedarse en casa. «No, no», respodió ella obedientemente, «iré contigo». Mi madre los vio alejarse, desapareciendo en el horizonte. Entró y cerró la puerta, temblando al pensar en las palabras de su madre.

Unos días después, mi abuelo regresó a casa. Mi abuela no venía con él. Había sido arrastrada en un río por una corriente tan poderosa que le arrancó una pierna. Lo que quedó de su cuerpo estaba atorado en un árbol.

Se había ido.

Estaba muerta.

La trenza de mi madre.

La llave.

Mi abuelo, un hombre típico de su generación, no mostró ninguna emoción y no pudo consolar a mi madre, mucho menos cuidarla. La vida era dura y estaba llena de peligros, desengaños y muerte. ¿Qué podían hacer? No tenemos la capacidad de resucitar a los muertos, así que la única opción era seguir viviendo. El duelo era un lujo, una pérdida de tiempo valioso. Mi abuelo siguió con su trabajo como agricultor. Mientras tanto, mi madre se quedó sola en casa durante periodos de tiempo cada vez más largos; pasó sus primeros años sumergida bajo un terror constante.

Temerosa de verse obligada a valerse por sí misma con todas sus necesidades, decidió que estaría más segura en lo alto de un árbol, así que se trepó mientras se sujetaba la falda para escalar el tronco. Durante el día se sentaba en esa copa para observar el ir y venir de abajo, sin que nadie supiera que estaba allí sola. Por la noche, una vez que se ponía el sol, volvía a bajar por el tronco y se metía debajo de la cama. Ataba a su perro al poste; lo había entrenado para que ladrara si había peligro, o para asustar a la gente si se acercaban demasiado. Ella nunca tuvo suficiente amor ni suficiente comida.

Conoció a mi padre cuando tenía catorce años, pero las cosas no mejoraron necesariamente. Él usaba la comida como castigo o como recompensa. Se burlaba de ella dándole una pequeña taza con un poco de comida.

—¿Para quién es esto? ¿Quién come tan poquito? —preguntaba ella.

—Ah, es para ti.

Cuando su padre murió, el poco apoyo que ella tenía desapareció por completo.

Ahora, cuando pienso en los hilos comunes de las historias intergeneracionales de nuestra familia, me invade una tristeza profunda e indescriptible.

———

Fernando, mi hijo más joven, aprendió las lecciones más duras sobre el hambre durante nuestro primer viaje a Estados Unidos en 2014. Cuando le pagas a un «coyote», o intermediario, se supone que el monto cubre todos los gastos. Oscila entre tres mil y cinco mil dólares por persona, e incluye un guía, transporte, refugio y comida. Este es el sueño que te venden, como si se tratase de un paquete vacacional en un folleto atractivo.

Pero la realidad es diferente. Los coyotes e intermediarios, como los conductores, siempre tratan de recortar gastos para que sus propios ingresos sean mayores, y la comida suele ser lo primero que eliminan de su presupuesto. Te reiteran sus promesas de que la comida llegará: «Ah, comeremos más tarde, cuando lleguemos al hotel», pero puede pasar un día entero sin que comas, y luego otro. En las raras ocasiones en que compran algo, es probable que esté caducado o apenas comestible, como pollo frito tan duro que apenas puede masticarse. A menudo ni siquiera hay suficiente para todos. Las mujeres y los niños se alimentan primero, los hombres después. Ellos me apenan mucho, pues se les da incluso menos comida que a nosotras.

Aunque logres ahorrar un poco y esconder dinero en alguna parte del cuerpo, tienes muy pocas oportunidades para separarte del grupo y entrar en una tienda para comprar un refrigerio o algo de beber. Y luego, por supuesto, una vez que estás fuera de las ciudades, siendo transportado en camiones a través de los vastos espacios desérticos que se extienden a lo largo de gran parte de México, será difícil encontrar un lugar donde puedas comprar cualquier cosa.

El viaje puede durar de cuatro a seis días, lo cual parece poco, pero es suficiente para que la leche de una madre lactante se seque. Me pasó en el primer viaje, cuando aún amamantaba a Fernando. Vi a otras mujeres agarrándose uno de sus senos y acercárselos a las bocas de su hijos, masajeándolos, intentando sacar unas últimas gotas de leche. Estaban igual de desilusionadas y desesperadas que sus bebés al ver que no salía más; tenían que probar con el otro para así, al menos, ser capaces de proporcionarles una comida.

El viaje es lo suficientemente largo como para fantasear con cada delicioso bocado que hayan probado tus labios y pasar horas imaginando tus platillos predilectos. Aunque era una tortura hacerlo, me gustaba pensar en los cremosos tamales de arroz rellenos de generosos trozos de pavo, un plato que mi madre prepara en ocasiones especiales. Podía saborear el sedoso gusto granulado del arroz, la grasa dulce y resbaladiza del pavo, el sabor terroso de las semillas de calabaza. Con tanto tiempo en las manos, contemplas con insoportable detalle cómo se prepara tu comida preferida, cómo cortan las hojas de plátano directamente de la planta o se compran en el mercado antes de llenarse con la masa y agregar la suculenta carne oscura del pavo que han criado y luego sacrificado. Se guisa en una salsa que puede requerir horas de preparación, todo un lujo gracias a los varios ingredientes que lleva, como un mole mexicano: semillas de calabaza y de ajonjolí, chiles rojos, cebolla, ajo, tomates y achiote, que da a la salsa su color rojo. Se cocina todo a fuego lento en una mezcla fascinante con sabor a Guatemala. Visualizas los dedos de tu madre, ahora un poco curvados por la artritis y la edad, envolviendo los tamales, uno por uno, en paquetes que parecen regalos. Ata cada uno con una larga tira de hoja de plátano, ya que no tiene cordel, y luego, en su cocina al aire libre, los baja cuidadosamente a las profundidades de una gran olla con agua hirviendo. Los tamales burbujean allí durante horas antes de ser servidos, y los paquetes se abren liberando un vapor deliciosamente perfumado.

Después de imaginar la receta completa, reproduces cada recuerdo que tienes de tu madre preparando tamales. Cuando no hay nada más que recordar, te viene a la mente los recuerdos de comer junto a las personas que amas, a pesar de sus defectos y complicaciones. Cualesquiera que fuesen los conflictos existentes entre ustedes, se hacían a un lado para que pudieran disfrutar de la comida. Rememoras el sonido del «Mmmm» satisfecho y agradecido de tu hermano, y añoras la imagen de la sonrisa de tu madre, que se extiende por su rostro arrugado. Tan sólo por un momento, mientras dure la comida, todo está bien contigo, con tu familia y con el mundo, creando un recuerdo que vivirá en tu memoria para siempre.

El viaje dura lo suficiente como para que a tu estómago se le haga difícil digerir alimento y agua cuando por fin tienes acceso a ellos. También es lo suficientemente largo como para morir, si las condiciones son las adecuadas.

Dura también lo suficiente como para que tomes decisiones que, cuando piensas en ellas más tarde, te asquean, como comer mangos llenos de gusanos o beber agua sucia de un arroyo donde el ganado se detiene a refrescarse. Agarras el mango con ambas manos, su jugo corre entre tus dedos y baja por tu barbilla, pero tienes tanta hambre que ni siquiera evitas los gusanos, simplemente hundes los dientes en ellos y sigues masticando.

Dura lo suficiente como para que comiences a mentirles a tus hijos, tal como te mienten los guías. Hubo momentos en que Fernando decía: «Tengo hambre, estoy cansado, tengo sed». Yo le decía: «Ya vamos a comer. Pronto tendremos algo de beber». Era mentira. No tenía idea de cuándo volveríamos a comer o beber. Pero tienes que mantener la mentira para mantener la esperanza. Fernando, a pesar de su corta edad, entendió que tenía que ser fuerte. Aprendió, a una edad muy temprana, a resistir.

Pero esos sabores... permanecen para siempre en tu boca. Los recuerdos del hambre y la vergüenza, y la vergüenza del hambre, permanecen contigo para siempre.

4

La carretera del migrante

«La carretera del migrante» es la carretera de dos carriles que está entre San Antonio Huista, mi pueblo natal, y Gracias a Dios, la última población antes de que cruces desde el noroeste de Guatemala hacia México. Es una buena descripción, y una muy acertada desde hace generaciones e incluso siglos; los arqueólogos han encontrado artefactos de toda Mesoamérica a lo largo de este camino mucho antes de que fuera pavimentado. Quizá en lugar de las botellas de plástico y galones de agua que ahora dejamos, nuestros ancestros indígenas dejaban vasijas de cerámica al éstas volverse demasiado pesadas, o porque se rompían y ya no les servían.

Parece que cada década, más o menos, estalla una nueva crisis que provoca flujos más grandes de migrantes desde Centroamérica a México y luego a Estados Unidos. Durante mi vida, esa crisis fue la guerra civil en Guatemala, que duró treinta y seis años, entre 1960 a 1996. Nací durante los años de la guerra, pasé mi niñez y alcancé la adolescencia y el conflicto aún continuaba. Imagina haber nacido y crecido rodeado de un persistente clima de miedo y peligro sin haber conocido la paz.

Es difícil explicar a los extranjeros el gran impacto que tuvo esta guerra en todos los aspectos de la vida en Guatemala. Si uno no ha vivido una guerra en carne propia, puede ser difícil, tal vez imposible, entender realmente el conflicto y lo que representó, y mucho menos entender el daño psicológico, social y económico que causó. La invasión de tierras y las disputas territoriales resultaron en el desplazamiento forzado de miles de personas, particularmente de los indígenas y campesinos sin apellidos notables que se quedaron con mucho menos de lo que tenían inicialmente después de la guerra.

En cierto modo fueron los más afortunados porque sobrevivieron. La guerra civil dejó más de doscientos mil muertos: la población total actual de Guatemala es de unos diecisiete millones, lo que significa que aproximadamente el 1% de todo el país fue masacrado. Miles y miles de mujeres quedaron viudas por la guerra y, por supuesto, un número incontable de niños se convirtieron en huérfanos que tuvieron que valerse por sí mismos. Es sorprendente que alguien en Guatemala pueda despertarse por la mañana y seguir su vida, tan heridos como estamos.

Para quienes crecimos en este entorno, es fácil entender las causas de la guerra y cómo pudo durar tanto tiempo. Todo se reduce a la causa principal de todas las guerras y conflictos: una lucha instigada por aquellos que tienen más recursos y quieren adquirir aún más, lo que provoca que los que tenemos menos nos defendamos y tratemos de conservar lo que se pueda para sobrevivir. El gobierno, por supuesto, pocas veces interviene porque se beneficia con la batalla. Los políticos corruptos y sus grandes socios de negocios se atiborran con el botín de la guerra mientras el resto nos morimos de hambre y luchamos por mantenernos con vida.

Vale la pena señalar que no es sólo la pobreza, la distribución de tierra y la inacción del gobierno lo que ha ocasionado que muchos huyan de Guatemala. Es lo que ha llenado el vacío dejado por el gobierno y la comunidad internacional, suplantándolos y encargándose de los asuntos. Me refiero, por supuesto, a los cárteles de la droga, que han proporcionado a algunas personas un mínimo de estabilidad financiera, protección física y una cierta red de seguridad a cambio de su colaboración y sometimiento a las estrictas y brutales reglas de negocios de los traficantes de drogas.

Aquellos que no se ajustan, los que desean conservar su dignidad y valores morales, incluso si eso significa vivir en pobreza extrema, están sujetos a grandes peligros. Prácticamente no hay nada ni nadie que los salvaguarde de los riesgos. Están solos, y cuando ya es imposible seguir así, tienen que buscar una salida. En Guatemala y países vecinos, la gente no tiene que usar drogas ni venderlas, ni siquiera saber nada sobre ellas para que estas les afecten. El tráfico de drogas permea cada capa de nuestras sociedades sin dejar nada ni a nadie intacto.

No es sólo la guerra y sus efectos lo que empuja a la gente hacia el norte a lo largo de La carretera del migrante en busca de seguridad y de una vida más estable. Otros problemas en Guatemala y los países vecinos también han enviado a los centroamericanos en la misma dirección. Las recurrentes crisis agrícolas de los últimos años (la roya del café y otras afectaciones causadas por los efectos del acelerado cambio climático) han hecho que oleadas de recolectores se desplacen para encontrar trabajo. Y luego, por supuesto, está la migración masiva que ha aparecido en las noticias recientemente, llamada por los medios de comunicación estadounidenses como «caravanas de migrantes», a las que se suman quienes temen por sus vidas y desean escapar de la violencia, la extorsión y la inestabilidad.

Cada aumento en la migración masiva parece tener un efecto activador, como la lluvia en el desierto, pero en este caso es siniestro. En lugar de brotar hermosas flores en los cactus para colorear el paisaje, el suelo árido se llena de rojo por la sangre.

Para aquellos que han vivido en La carretera del migrante o cerca de ella, o para quienes la hemos recorrido, borrar el recuerdo de la sangre derramada en este camino es algo imposible. Hoy luce bucólica y tranquila, pero ha visto algunos de los momentos más brutales de nuestra historia.

La carretera del migrante, a pesar de ser menos violenta y sangrienta (por el momento), sigue siendo conocida por su porosidad y la falta de presencia policial. En Gracias a Dios hay un quiosco de aduanas y una caseta de vigilancia migratoria mexicana. Ninguno de los dos parece tener personal suficiente, y los

encargados se limitan a dejar pasar todos los vehículos sin siquiera inspeccionarlos.

Eso es lo que sucedió cuando nuestro grupo cruzó en 2018;
pasamos sin ninguna dificultad. Ni siquiera querían el soborno
que llamamos «mordida». No necesitan exprimir a los migrantes
sus pocos centavos o billetes, porque los traficantes de personas
les pagan presuntamente grandes sumas de dinero. Y éste, por
supuesto, es uno sólo de los puntos de control legales. Sólo Dios
sabe cuántos cruces informales existen, ninguno de los cuales está
vigilado por las autoridades.

En ciertos lugares a lo largo de La carretera del migrante
pueden observarse las montañas y resultan notables los caminos
de tierra o grava que atraviesan las colinas; en algún punto incluso
es visible la frontera demarcada. Los coyotes y los intermediarios
fronterizos que desean evitar cualquier detección, a menudo prue-
ban su suerte en estas carreteras aledañas en lugar de cruzar por
un punto de control oficial. Todos los que viven en las ciudades
por las que pasa la ruta, incluso los tercos y viejos residentes que
nunca considerarían abandonar sus hogares, conocen al menos a
una persona que podría organizar un viaje semejante. En nuestro pueblo podemos mencionar a varios que pueden planificar tu
viaje, siempre y cuando, por supuesto, pagues el precio correcto.

La ausencia de la policía y la gestión permisiva de otros funcionarios, como los oficiales de inmigración de México, son precisamente la razón por la cual esta zona sigue siendo una sección
tan transitada por tantos viajeros centroamericanos. La región
ha sido descrita como un «agujero negro», que es una manera de

considerarla. Las fronteras y los caminos que las atraviesan siempre son espacios complicados, paisajes donde sombras oscuras se esconden de la vista para realizar todo tipo de actividades ilícitas. A veces, sin embargo, estas suceden a simple vista. Es posible que no lo notes si no eres uno de ellos, pero los guatemaltecos, hondureños y salvadoreños que huyen de la violencia y se dirigen a Estados Unidos van como pasajeros en carros privados, microbuses y autobuses de carga. Si te diriges hacia el norte por La carretera del migrante, abre los ojos: estamos por todas partes.

Es fácil encontrarnos si sabes dónde mirar. Los hombres visten gorras de béisbol y camisas de manga larga o suéteres incongruentes con el clima cálido. Llevan mochilas tan cargadas que las costuras están a punto de romperse. Los que nunca han viajado por La carretera del migrante y que no conocen a nadie que lo haya hecho, o son tan tercos que ignoran el consejo de una persona más experimentada, arrastran una maleta detrás. En algún momento en el camino, más pronto que tarde, probablemente tendrán que abandonarla.

Hay otras pistas que nos delatan. En este punto del viaje aún es muy pronto, pero la mayoría de las mujeres tienen una cierta mirada en los ojos que las distingue de las mujeres locales de los pueblos fronterizos. Para los migrantes, el miedo y la incertidumbre son emociones nuevas, por lo que tratan de orientarse, evaluando el entorno en busca de peligros potenciales. Esto ocurre antes de quedar completamente exhaustos, incapaces de reunir la energía para mantener la cabeza en alto. Con el tiempo, sus ojos se nublan, reducirán sus pertenencias a lo más básico y ahondarán aún más en sus reservas emocionales, obligándose tan sólo a continuar. Lo sé porque he sido una de ellas.

El último tramo de la parte guatemalteca de La carretera del migrante puede decirte todo lo que necesitas saber sobre la migración centroamericana. Grandes casas recién construidas con materiales caros y decoraciones menos funcionales que ostentosas sobresalen entre hogares más humildes; se levantan con dólares enviados por guatemaltecos que viven y trabajan en Estados Unidos. El dinero, enviado como remesas, es una parte esencial de la economía nacional en nuestros países. También es un aspecto crítico a nivel familiar. Un número significativo de familias dependen únicamente de las remesas para sus ingresos totales. Esto no es porque los miembros de una familia en Guatemala no quieran trabajar, es porque casi no hay trabajos, mucho menos alguno que proporcione un salario digno.

El dinero enviado a Guatemala por medio de Western Union y servicios similares se utiliza para comprar alimentos, pagar la educación de los niños (en Guatemala los padres deben pagar para que sus hijos asistan incluso a la escuela pública) y, entre otras cosas, construir o mejorar los hogares. Las grandes y coloridas casas a lo largo de La carretera del migrante, muchas de ellas con vallas, cámaras de seguridad y hasta cúpulas, contrastan con las estructuras vecinas, algunas de las cuales son de paja o barro y no tienen tuberías ni electricidad. He vivido en este último tipo de hogar. Las otras nos hablan de la riqueza que creemos que nos espera y recompensará nuestro arduo trabajo, si tan sólo podemos realizar este viaje con éxito.

Hay otras historias a lo largo de La carretera del migrante que esperan ser narradas. Al detenerse en la tienda de conveniencia a la derecha de La carretera, justo antes de llegar a Gracias a Dios, no pasará mucho tiempo antes de que la mujer detrás del mostrador te pregunte de dónde eres y hacia dónde te diriges. Mientras te sientas en el escalón de su tienda para comer una sopa Maruchan con camarón y chile, te contará su historia como migrante. Vivió en Virginia durante unos años, trabajando primero por $5,50 la hora, y luego, subiendo un peldaño en la escalera de los migrantes, obtuvo «un buen trabajo» en una planta procesadora de pollos. Entonces, ¿por qué regresó? En el buen trabajo, explica, tuvo un accidente y se lesionó el tobillo. Trató de presentar un reclamo de compensación laboral pero su empleador no se hizo responsable del accidente y le negó cualquier tipo de ayuda financiera o tiempo de recuperación. Siguió trabajando cuanto pudo, pero al final su tobillo ya no podía soportar el peso de un turno de ocho horas, más las horas extras, todo el tiempo de pie.

Es una historia común. Aunque la mayoría de los estados tienen leyes que protegen incluso a los inmigrantes indocumentados de los empleadores que buscan aprovecharse de su situación para negarles beneficios, los que no conocen estas leyes y sus derechos simplemente no buscan ayuda o recursos: ni siquiera saben que existen. Incluso para quienes conocemos nuestros derechos en Estados Unidos puede resultar difícil afirmar o reclamarlos. Lo sé porque yo también me sentía así. Agradecida con sólo tener trabajo, ni en sueños hubiera pensado en quejarme o buscar alivio para mi muñeca lastimada cuando trabajaba en una fábrica en Chicago. Simplemente me puse una férula y seguí trabajando. Tenemos miedo, en especial cuando escuchamos la retórica de personas a las que no les agradan los migrantes y que no quieren que estemos aquí en las noticias. Como esta mujer, podemos tomar la difícil decisión de regresar a nuestro país de origen.

«Sin dinero en Estados Unidos no se puede sobrevivir», dice la comerciante, y agrega que espera que sus hijos regresen «al Norte», aunque ella no tenga la intención de hacer el viaje de nuevo. En cambio, se contenta con el ir y venir de otros migrantes, empacando en bolsas de plástico negras la comida apilada en el mostrador antes de proseguir: papas Sabritas y Doritos; Takis picantes que escuecen, son rollitos de tortilla con sabores llamativos como «Fuego», «Nitro» y «Xplosion». Paquetes de celofán de cacahuates salados; pastelitos Bimbo rellenos de crema o mermelada, y cubiertos con glaseado de chocolate. Las bebidas energéticas son populares para digerir todo aquello. Ella les desea lo mejor mientras vuelven a la estrecha carretera. «Vayan con Dios», dice.

———

El último kilómetro y medio de camino por Gracias a Dios es un suplicio. A ambos lados de la carretera, que se ha reducido a un solo carril de gran tamaño que milagrosamente se las arregla para contener el tráfico en ambos sentidos, hay vendedores que gritan con entusiasmo o discreción, según lo que vendan; todos compiten por la atención y el dinero de los transeúntes. Si tienes hambre, hay elotes cultivados en la zona y tortillas frescas elaboradas sobre parrillas, así como una serie de puestos de tacos, cada uno de los cuales afirma ser el mejor de la ciudad. Hay tiendas donde puedes comprar unas gafas de sol baratas hechas en China, o paquetes individuales de Tylenol o ibuprofeno. Los comerciantes aburridos vigilan montones de cargadores para iPhone y teléfonos Galaxy que probablemente dejarán de funcionar antes de terminar el viaje. Hablando de teléfonos: puedes recargar minutos y comprar una nueva tarjeta SIM o una funda para proteger la pantalla del celular. Unos hombres con riñoneras abultadas se inclinan hacia las ventanas de los carros cantando «Cambio, cambio», y tal vez, si son atrevidos, agitan algunos billetes de varios países. Los extienden como un abanico para mostrar que pueden cambiar cualquier moneda que necesites: lempira hondureña a quetzales guatemaltecos, quetzales guatemaltecos a pesos mexicanos, o pesos mexicanos a dólares estadounidenses.

Esta será la última parada antes de aventurarte en una especie de tierra de nadie en la que los movimientos estarán controlados por el coyote o guía, y donde no sabrás cuándo tendrás oportunidad de comprar algo que necesites, si es que vuelve a darse la ocasión.

En la frontera existe todo tipo de negocios informales. Por ejemplo: montones de ropa usada, transportada en camiones desde Estados Unidos, se acomodan sobre lonas al lado izquierdo de la carretera. Están muy cerca del límite, como si la mercancía se hubiese descargado demasiado aprisa, y apilan camisetas y *jeans* usados, calzas y sudaderas con capucha en enormes pilas que podrían asfixiar a un niño si se derrumbasen. La gente revisa las montañas de ropa con entusiasmo, y llenan bolsas de plástico con lo que encuentran. Así es como una camiseta de los Yankees de Nueva York termina en la zona rural de Guatemala, usada por el hijo adolescente de un agricultor de maíz; es así también como aprendemos los nombres de los parques nacionales, las ciu‑ dades, los artistas favoritos de la cultura pop y estrellas del de‑ porte. Fue así como las camisetas estampadas con unicornios y con lentejuelas cosidas se convirtieron en la tendencia en Centro‑ américa.

El negocio de la ropa usada es una industria en auge. Te sor‑ prendería, en especial al mirar este desbarajuste de indumentaria arrojada al costado de una carretera, saber cuán complejo es y a cuántas personas involucra. Técnicamente es también un negocio ilegal, al igual que el negocio transfronterizo de frijoles de mi madre, por lo que depende de una cadena multinacional de so‑ bornos, pagados antes de que los compradores en Gracias a Dios se sumerjan en las pilas.

Otros negocios en la frontera recurren a lo que la gente po‑ see para alquilarlo. Las familias alquilan sus baños y te venden un puñado de papel higiénico si necesitas usar el baño, o una habitación si haces el viaje sin un guía, para descansar antes de cruzar. Si estás con un grupo, puedes pasar una o dos noches en una «casa segura» que los guías alquilan con el dinero que cobran por el viaje. Las mujeres alquilan sus cuerpos a los hom‑ bres que buscan un alivio temporal al estrés del viaje. Están dis‑

ponibles a todas horas del día y de la noche, y no son difíciles de hallar: tienen los labios pintados con colores brillantes, faldas cortas y entalladas, y sus senos se desbordan de las blusas, son estrategias más efectivas que cualquier tarjeta de presentación o publicidad. No las juzgo: todos hacemos lo que tenemos que hacer para sobrevivir y cuidar de nuestras familias. Un joven ha convertido su tuk-tuk, un transporte popular, en una puesto móvil de comida rápida; vende tacos, sopas y champurrado humeante y caliente, una bebida espesa y dulce a base de maíz, todo dispuesto en un grupo de hieleras sujetas al tuk-tuk con cuerdas elásticas. El tuk-tuk se esfuerza cuando el muchacho pisa el acelerador, obligando al vehículo sobrecargado a subir la colina hacia la frontera.

He estado en esta ciudad y en otras localidades fronterizas entre Guatemala y México docenas de veces en mi vida, acompañando a mi madre en sus viajes para comprar frijoles, y en mis dos viajes fuera de Guatemala con destino a Estados Unidos. He estado escondida con mis hijos en una «casa segura» en este lugar, una experiencia que me permitió ver más allá de la fachada bulliciosa y amable del pueblo. La carretera del migrante está tranquila ahora. Las manchas de sangre están enterradas, pero es imposible viajar por este camino y no pensar en la pérdida de vidas, a pesar de que actualmente parezca como si nada nunca hubiera sucedido. La carretera ofrece sitios nuevos y divertidos, como un centro recreativo familiar con piscinas y atracciones de agua, una sala de videojuegos y un restaurante que sólo los mexicanos pueden pagar. En cualquier momento la fachada podría caerse y, con ella, todo lo demás. La frontera es un lugar precario, donde la única certeza que se tiene es que las personas continuarán cruzando, dirigiéndose hacia el norte, hacia la seguridad, confiando en que tendrán una vida mejor para ellos y para las personas que aman.

5

Camiones

No diré que mi primer viaje a Estados Unidos fue fácil, porque definitivamente no lo fue, pero Fernando y yo lo logramos, y nos instalamos en una casa a las afueras de Chicago. Cada día dejaba a Fernando con una conocida antes de viajar a la periferia de la ciudad para trabajar en una fábrica donde imprimían, empacaban y preparaban catálogos y otros artículos distribuidos por la oficina de correos estadounidense. Era un trabajo repetitivo, tedioso y agotador. El jefe, que sólo hablaba inglés y me llamaba «Rose», era exigente; las máquinas fallaban con frecuencia y me dolía la espalda constantemente. Mis manos, que estaban hinchadas todo el tiempo, también lo sufrían. Usaba en una de mis muñecas una férula de soporte que rara vez me quitaba. Por la noche, cuando llegaba a casa, descubrí que apenas podía levantar a Fernando de la silla o del piso donde se había quedado dormido para cargarlo a la cama que compartíamos. Me alarmó el hecho de que él madurase más rápido de lo que debería: a menudo se despertaba en plena noche y me cubría con una manta cuando me quedaba dormida por el cansancio.

Para una familia centroamericana, la migración de uno o más de sus miembros representa una promesa y esperanza. Todos los desafíos y las realidades de vivir en el extranjero y existir en el peldaño más bajo de la escala socioeconómica les resultan invisibles a nuestras familias en casa; ellos sólo pueden verlo como una posibilidad para mejorar. Un imprevisto y fugaz momento de felicidad o paz publicado en Facebook o Instagram puede transmitir un mensaje equivocado y ocultar la realidad de nuestra vida cotidiana, que anestesia el cuerpo y la mente. La mayor parte del tiempo apenas podía llegar a fin de mes, y muchas de las veces tenía que pedir crédito, posponiendo una factura para pagar otra. Entre lo que debía pagar para que me llevaran al trabajo, comprar el almuerzo, pagar a alguien para que cuidara a Fernando, el alquiler, la comida y la lavandería, tenía mucha suerte si me sobraba incluso un dólar al mes. Pero esa era la parte de mi vida que nuestra familia en San Antonio Huista no podía ver. También era imperceptible para las personas que querían aprovecharse de mi familia debido a mi condición de migrante.

Como vivía en el extranjero, había gente que intentaba obtener dinero de mi madre, mi hermana y de toda nuestra familia. Suponían que tenía dinero y que enviaba grandes remesas a mi familia, pero ese no era el caso. De hecho, aunque mi jefe me ofreció más trabajo, en un turno de doce horas, seis días a la semana, tenía suerte si conseguía reunir suficiente para enviar una remesa a mi familia. Cuando lo hacía, mi madre lo gastaba en la matrícula escolar de mis hijos, en comida o en las lecciones de marimba de mis hijas. Envolvía lo que quedaba, que no era mucho, en una tela y lo guardaba en su buró; llevaba una cuidadosa contabilidad del dinero. Le dije que lo usara para construir y mejorar nuestro hogar.

Aun así, mi madre recibía llamadas anónimas en su celular. Un día, mientras trabajaba en su puesto en el mercado, la llamaron alrededor del mediodía. No reconoció el número de teléfono, pero respondió de todos modos.

—¿Bueno? —dijo, temerosa. La voz de un hombre respondió:

—Más vale que juntes cincuenta mil quetzales (unos 6.500 dólares) —exigió, amenazante—. Si no tienes el dinero para las cuatro de la tarde, secuestraremos y mataremos a tu nieto, el grande. Sabemos cómo es físicamente y a qué escuela va —continuó—. Nos lo llevaremos y punto.

Mi madre comenzó a temblar al escuchar esas palabras. Es una mujer asustadiza y ansiosa, pero algo dentro de ella le dijo que tenía que enfrentarlo, y decir la verdad. Nunca, en toda su vida, había tenido cincuenta mil quetzales en las manos. Apenas podía juntar los cuatrocientos que estaba obligada a pagar al hombre que le vendía la fanega semanal de tomates que a su vez debía vender en su totalidad, si es que lo conseguía, para ganar cien quetzales, aproximadamente trece dólares. Sin embargo, la mayoría de las veces ni siquiera lo lograba. Hacia el final de la semana quedaba aún un montón patético de tomates, los cuales escurrían jugo y semillas entre la piel podrida, atrayendo moscas que zumbaban alrededor del puesto hasta que retiraba el producto en mal estado. Los tomates estaban tan pasados que ya no podía llevarlos a casa y cocinarlos. Había demasiada competencia en el pequeño mercado municipal y muy poco dinero en la ciudad para garantizar que pudiera agotar su inventario semanal con éxito. Además, su puesto y su comedor estaban escondidos en el segundo piso del mercado, más allá de la vista y de las billeteras de los compradores que adquirirían lo que necesitaban de los vendedores del primer piso.

—No tengo cincuenta mil quetzales —le dijo al hombre—. Apenas tengo cuatrocientos para pagar los tomates que compré para revender en el mercado. —Dejó de hablar y respiró hondo.

—Te volveremos a llamar en cuatro horas y más te vale que tengas el dinero, o de lo contrario… —amenazó.

—Puedes llamar en cuatro horas, pero no puedo hacer que esa cantidad de dinero aparezca de la nada —respondió mi madre secamente. Al colgar el teléfono, se arrodilló para rezar como nunca antes había hecho en su vida: su voz temblaba, pero sus palabras eran fervientes.

Cuando recibí en Chicago la noticia, me estremecí. Sabía muy bien cómo terminaban ese tipo de llamadas. Todos en Centroamérica lo saben. Las personas que llaman no hacen amenazas vanas o promesas que no cumplirán. Ellos no tenían ningún problema en agarrar a Yordy al salir de la escuela, reclutarlo en una pandilla contra su voluntad, o matarlo y arrojar su cuerpo al borde de la carretera. Las pandillas quieren dinero o quieren sangre. A menudo, quieren ambos. Le dije a mi madre que las amenazas de esa persona me preocupaban tanto que Fernando y yo volveríamos a casa. Trató de convencerme para que no lo hiciera; me dijo que había puesto al tanto a Nery, el padre de Fernando, y que él respondió de inmediato. Condujo desde el pueblo cercano de Cuatro Caminos, donde vive, para cuidar de mi madre y con su presencia asustar al autor de la llamada. Fue al patio de la casa de mi madre y disparó su arma al aire, advirtiendo al desconocido que debía cejar y dejar a mi familia tranquila. Por un breve tiempo, las amenazas pararon.

Agradecí la manera en que Nery respondió al asunto, y también mi madre y mi hermana, que compartían la responsabilidad de cuidar a mis hijos y vivían aterrorizadas, sin embargo, estaba segura de que los disparos de Nery sólo tendrían un efecto temporal. Yordy ahora era un adolescente, y aunque el secuestrador no se lo llevara para que hiciera su voluntad, otra pandilla o elemento criminal podría hacerlo a causa de su edad. Nuestro país tiene muchas pandillas, y se consideran entre las más sofisticadas y peligrosas de Centroamérica. Es un superlativo terrible, pero preciso. Supongo que los años de guerra les dieron a los hombres el tiempo y la experiencia para perfeccionar sus técnicas de intimidación. Debido a que muchas de nuestras fuerzas policiales y militares también son cómplices de las actividades criminales, no podemos confiar en que los oficiales supuestamente encargados de la seguridad pública nos protejan. Lo supe después de la muerte de Juan Alberto y tras haber sobrevivido al atentado contra mi propia vida. Noventa y cinco por ciento de todos los delitos quedan impunes en nuestro país. La situación era muy clara: necesitaba sacar a Yordy de Guatemala.

Por eso Fernando y yo dejamos Chicago, por eso regresamos a Guatemala, donde para un adolescente amenazado la vida es insostenible. No se trataba de cualquier niño; Yordy era mi niño. Si algo le llegaba a suceder, ¿cómo iba a poder vivir conmigo misma?

Las familias en Centroamérica están acostumbradas a las idas y venidas, a la migración y a las deportaciones de sus familiares; la unidad familiar se expande y se contrae, fluyendo constantemente. Con cada movimiento, los que permanecen en el país de origen ajustan sus responsabilidades y absorben las ansiedades de los que nos fuimos o regresamos. La dinámica es complicada, pero todos nos resignamos.

Cuando Fernando y yo volvimos a Guatemala desde Chicago, mis hijos se alegraron de que estuviéramos en casa, sin embargo, algo había cambiado. En mi ausencia, mi madre había tomado un papel materno, dejando de lado su figura de abuela; mi regreso planteaba muchas dudas sobre si ambas podríamos ejercer autoridad sobre ellos, especialmente en mis dos hijas. Me perdí algunos momentos claves en su desarrollo y ocasiones importantes en sus vidas; era normal que estuvieran resentidos por eso, o un tanto distantes como resultado, aunque nunca lo hayan expresado.

Lo que hizo mi regreso algo más difícil fue saber que iba a salir de Guatemala nuevamente, esta vez con los dos chicos.

Me tomaría un par de años obtener todo lo que se requería para hacer el segundo viaje al Norte, pero la idea nunca se apartó de mi mente. Me llevaba a Yordy por su vulnerabilidad y a Fernando porque era muy pequeño; todavía necesitaba a su madre. Una vez más dejaría a mis hijas atrás y tendrían que lidiar con ese dolor de nuevo. Me preocupaba pensar en que sería aún peor. Sentirse abandonadas dos veces sería un gran desafío en sus vidas. ¿Crearía esto un daño irreparable en nuestra relación?

Irme sin mis hijas sería agonizante. Sabía que estaban en manos seguras y amorosas con mi madre y mi hermana, por no hablar de todos los demás miembros maravillosos y solidarios de la familia, pero también sabía cómo se sentía ser una niña separada de su madre y no querer nada más que estar con ella; mi cuerpo resentía las manifestaciones físicas del estrés. Me dolía la cabeza, pero también el corazón. Sentía pesado todo el cuerpo. Mi estómago e intestinos se retorcían dolorosamente, y no quería comer. ¿Qué podía hacer para mostrarles a Britny y Dulce cuánto las amaba? ¿Cómo explicarles que mi amor por ellas persistía aunque me fuera?

Pero si no nos íbamos, podía perder a mi hijo. No era una situación improbable. Me dije: «Será por poco tiempo. Las niñas y yo volveremos a estar juntas».

Empacamos una pequeña maleta y partimos con rumbo hacia la frontera entre Guatemala y México, avanzando por La carretera del migrante. Fernando y yo la recorreríamos por segunda vez. Pasamos el parque acuático y deseé con todo mi corazón que mi país fuera seguro, que pudiéramos ganarnos la vida, que celebráramos momentos especiales y creáramos hermosos recuerdos en un lugar divertido y emocionante como ese. Deseé no tener que vivir con tantos recuerdos de sangre y penurias. Anhelé que el mapa de nuestro país no estuviera punteado de coordenadas de horror y dolor colectivo acumuladas durante décadas.

Cuando llegamos a Gracias a Dios con un grupo de otros centroamericanos que viajaban con nosotros, el organizador del viaje inclinó la cabeza y nos llamó para orar.

—Será un viaje difícil —dijo solemnemente—, y deberán apoyarse mutuamente. Vayan adelante en las manos de Dios.

———————

En Gracias a Dios, el organizador del viaje reunió a nuestro grupo, compuesto por varias docenas de personas, en una casa segura, donde nos dijo que esperaríamos hasta que vinieran unos camiones a recogernos. La casa tenía dos pisos y todos estábamos apiñados en una habitación del segundo piso. Había gente de Honduras, de El Salvador y de Guatemala. Mujeres y hombres. Niños. Bebés. Verlos ahí me dolió mucho, todos huíamos de nuestros hermosos países destrozados a causa de la violencia.

El tiempo siempre es tu enemigo en un viaje como ese. Mientras esperábamos los camiones, tuve demasiado tiempo para pensar, y empezaba a tener dudas sobre la decisión de irme otra vez. Quizá deberíamos quedarnos. En el camino, el conductor se detuvo por gasolina en la ciudad de Cuatro Caminos, y me encontré con una prima. Me preguntó a dónde iba, y le dije al otro pueblo para ver a una de mis hermanas. Cuando nos despedimos, siguió mirándome —tal vez leyendo la tristeza en mi rostro— y dijo: «Te vas a Estados Unidos de nuevo, ¿verdad?». Luché por contener las lágrimas, me mordí el labio, negué con la cabeza y le dije que no.

«Dime la verdad», replicó con severidad, mirándome a los ojos. Ella estaba con otras personas, así que nos alejamos para poder hablar en privado. Le conté que me iba, y preguntó por qué. No quería contarle todos los detalles, pero le expliqué que ya no podía quedarme en Guatemala. Me abrazó con lágrimas en los ojos y nos deseó lo mejor. Se despidió de Yordy, al quien todos querían tanto, y también de Fernando. Nos abrazamos de nuevo. El camión que nos transportaba estaba listo para partir, así que tuvimos que subirnos.

Ahora estábamos en esta casa segura, éramos un retrato grupal de personas miserables y aterrorizadas. Sabía con certeza que esto empeoraría antes de mejorar. «Tal vez deberíamos quedarnos», pensé otra vez; mi corazón y mente iban de un lado a otro entre las decisiones opuestas de quedarnos o partir. Miré a Yordy y recordé las amenazas. Teníamos que irnos. Sabía en mi corazón que debía ser así.

Observando a los que nos acompañaban, era evidente que el viaje sería difícil, aunque fuera en el mejor de los casos. Había tantas mujeres con niños. También había embarazadas. Sabía que los niños llorarían y las madres entrarían en pánico, harían todo lo posible para tratar de mantenerlos callados: los abrazarían, los mecerían suavemente e incluso presionarían las manos sobre sus bocas para evitar que hicieran ruido. Las madres suplicaban a sus hijos, sin importar la edad, que guardaran silencio. La más inteligente lo convertía en un juego, intentando hacer que el silencio fuera divertido. El estrés de hacer todo esto agotaría su energía, haciéndolas aún más vulnerables a las innumerables tensiones del viaje.

En nuestro grupo, un hombre tenía un pie tullido. Las personas con discapacidad son increíblemente vulnerables en Centroamérica; son discriminadas, víctimas de burlas y empujadas a los márgenes de la sociedad. Raramente reciben apoyo o servicios especiales, y muchos nunca pueden ir a la escuela. Las oportunidades de trabajo son aún más limitadas, por lo que a menudo se ven obligados a vivir como mendigos, poniéndose en peligro, por ejemplo, al sostener una taza y pedir dinero en los cruces concurridos. No me fue difícil entender por qué huían, aun cuando las probabilidades de completar el viaje con éxito parecían tan escasas. Ni siquiera habíamos salido de Guatemala y el hombre, que iba con su hijo de catorce años, ya lucía agotado. Su presencia también haría que el traslado nos resultara más demandante, ya que aquellos que lo compadecíamos y teníamos sentido de responsabilidad estábamos obligados a velar por él. Por ejemplo, tendríamos que ayudarlo a subir y bajar de los camiones.

Este viaje fue distinto al primero, cuando Fernando y yo tomamos diferentes medios de transporte, incluidos autobuses, fuera de Guatemala y dentro de México. Nos acompañaron guías, que compraron nuestros boletos y viajaron con nosotros. No era necesariamente más fácil y tenía sus propios peligros, especialmente para las mujeres. Los guías a menudo trataban de meternos mano durante los largos viajes en autobús; intentaban acorralar a cualquier mujer en los asientos del fondo junto a las ventanas, mientras ellos se sentaban del lado del pasillo para controlar sus movimientos. Por la noche probaban artimañas para encerrar a alguna de nosotras en una habitación de hotel con ellos. Me pasó en el primer viaje. Un guía dijo: «Oh, nos quedamos sin habitaciones para mujeres, así que tendrás que compartir la cama conmigo, sólo por esta noche». Agarré mi maleta y a mi hijo y le dije que prefería dormir en el piso del otro cuarto de mujeres que en una cama con él.

Inicialmente, este viaje parecía mejor en comparación con el anterior. Esta vez el organizador, que también hizo los planes para mi viaje pasado, decidió que no usaría guías; había tenido muchos problemas con ellos, demasiadas quejas. En esta ocasión optó por contratar choferes con grandes camiones. De esta manera podía mover a más personas de forma rápida y directa. Más gente también significaba más dinero. Mantendría contacto con los conductores durante todo el viaje, seguiría nuestro progreso a través de México y esperaría para saber que habíamos logrado cruzar la frontera México-Estados Unidos y llegado a Arizona, nuestro destino final.

El primer camión llegó y sacaron a uno de los grupos de la casa segura. Una mujer del pueblo de Chinacá, que había traído a su hijo de cuatro años, batallaba para levantar su abultada maleta. El organizador la miró y dijo rotundamente: «Es demasiado grande; no puedes llevarla. No hay forma de que puedas cargarla». Estaba nerviosa y molesta, quejándose de que ya había dejado una maleta; no podía abandonar ésta también. Abrió el cierre del equipaje y todos miramos mientras examinaba cada artículo, contemplando lo que estaba dispuesta a dejar. Había botas, tenis y sandalias, zapatos para cada temporada y ocasión, según se veía. Me maravilló el que hubiera empacado tacones altos, como si fuéramos a asistir a una elegante fiesta en el desierto en algún lugar del camino que nos requiriera vestirnos muy elegantes y usar tacones de aguja. Cuando terminó de revisar todo, la bolsa todavía pesaba mucho. El organizador sólo suspiró cuando la mujer resopló: «Está bien. Vámonos». Uno se pregunta qué sucede con las cosas que quedan atrás, los objetos aún útiles pero abandonados que quedan esparcidos a lo largo de la cadena de casas de seguridad y hoteles, o en las carreteras y senderos que marcan el mapa de nuestros viajes.

Apareció un segundo vehículo y fue nuestro turno de subir. Me trepé con Fernando a la parte trasera y me volteé para ver que Yordy era asignado a un tercer camión, sólo para hombres. No quería separarme de él, pero no había posibilidad de protestar. Todos íbamos hacinados, el equivalente humano a los pollos o las vacas amontonados en cajas o corrales, cargados en transportes para ser llevados de la granja al matadero.

Es imposible exagerar lo aterrador que es ser parte de un cargamento humano. Los camiones parecen volar por las carreteras a velocidades escandalosas, como si los conductores no pudieran esperar para deshacerse de nosotros y recoger su próxima carga, y, por supuesto, su próximo pago. Arremeten contra el pedal y cruzan los baches de la carretera a toda velocidad; los impactos sacudían nuestros dientes y huesos. Parece que han olvidado que nos llevan en la parte trasera, o simplemente no les importa. Quizá la segunda suposición sea la más probable.

Estoy convencida de que los golpes constantes en el camino son lo que provoca que una embarazada sufra un aborto espontáneo. El corazón se me rompe cuando pienso en todas las pérdidas ocurridas a lo largo de La carretera del migrante, cada una de las cuales será recordada sólo por la persona que la sufrió. Si éstas se identificaran con lápidas, la carretera estaría bordeada por una cadena ininterrumpida de mármol o humildes marcadores de concreto. «Aquí yace la virginidad de una mujer». «Que en paz eterna descanses, niño nacido muerto». «QEPD LA ESPE-RANZA». Los monumentos al dolor serían tan conmovedores que tendrías que apartar la mirada.

Unos ciento sesenta kilómetros al noroeste de Gracias a Dios, el transporte se detiene en San Cristóbal, una ciudad grande en el corazón del estado mexicano de Chiapas. Una persona sale tras otra del vehículo. Finalmente puedo estirar las piernas y respirar profundo con los pulmones llenos de aire limpio. Los conducto-res nos dicen que si queremos comer, tendremos que comprarlo nosotros, y se dirigen a una tienda cercana. Fernando y yo nos re-unimos con Yordy, que se ve alterado y pálido al salir del camión. Cuando nos acercamos, no pronuncia palabra alguna; está ate-rrado. Me apresuro a consolarlo, abrazándolo. Le digo la primera de muchas mentiras: que lo peor del viaje ha quedado atrás.

No tengo idea de que lo peor está por ocurrir.

Los conductores no nos dicen cuánto tiempo disponemos antes de salir de San Cristóbal, pero sé que podrían ser desde unos minutos hasta horas interminables. En caso de que sea lo primero, apresuro a los muchachos a cruzar la calle para entrar en una tienda. Compramos agua embotellada y algunas golosinas. Es lo único que podemos llevar y no durará lo suficiente, pero es un alivio engullir el agua con avidez y sentir su frescura en nuestras gargantas secas.

Al regresar a los camiones, los conductores nos dicen que esperemos detrás de algunas casas cercanas, rodeadas por las montañas densamente arboladas de San Cristóbal. La geografía de este estado mexicano limítrofe de Guatemala es favorable para los traficantes de personas: la selva suele estar envuelta por una espesa y pesada niebla; las montañas tienen una presencia policial limitada, y hay cinco rutas principales trazadas por los coyotes y consideradas las más viables. Una es por agua, las otras por tierra. La nuestra es una de las rutas terrestres, y nuestros conductores la conocen mejor que las carreteras de sus propios pueblos. Tienen tratos de negocio con todas las personas a las que entregan cuotas en el camino, y no quieren apartarse de él si pueden evitarlo. Cualquier desvío representa peligros que no quieren enfrentar y, por supuesto, gastos que no quieren asumir.

Tres camiones, diferentes de los que nos trajeron aquí, se detienen detrás de las casas, y un conductor nos divide en grupos. A cada uno se le da un apodo, un nombre tonto, como «Lagartos» o «Piratas», y nos piden que subamos a bordo, donde volveremos a doblarnos como origamis humanos, sentados así por quién sabe cuánto tiempo. Me incomodan esos apodos porque nos tratan como si no fuéramos más que piezas en un juego infantil para el entretenimiento personal de los conductores. Siento una tremenda irritación que apenas puedo contener.

Algo dentro de mí estalla, y me escucho decir desafiante, con voz ronca: «No me subiré a otro camión». Le digo a Yordy que retroceda y deje que todos los demás lo hagan. Si voy a subirme, será con mis dos hijos. Dos se llenan y el resto de nuestro grupo aborda el tercero. El conductor está impaciente. «¿Vas a subir o no?», me pregunta en un tono que deja entrever que le importa poco mi respuesta. «No va a venir otro por ustedes», agrega. Estoy atrapada, lo sé. Si nos salimos del grupo, estamos solos, miles de dólares irán a la basura y tenemos poco dinero para mantenernos hasta llegar a Estados Unidos. Bueno, si es que lo conseguimos. ¿Cómo voy a ir por mi cuenta, cargando con dos niños? Así que nos subimos al camión, miro al cielo y le digo a Dios: «Tú siempre nos proteges». Al menos esta vez los tres estamos juntos.

El vehículo en el que vamos, el tercero, lleva menos personas y nos sentimos un poco más cómodos. En los otros dos, los pasajeros van como sardinas, apretados y pestilentes, sentados sobre sus maletas con las rodillas pegadas al pecho. Pero Yordy está estresado, incluso con el espacio extra. No puede moverse mucho y el calor es sofocante, se vuelve más opresivo por el olor de los cuerpos: el sudor mezclado con polvo y desesperación. La desesperación es mental, emocional y física: la mente, el corazón y el cuerpo se tensan en defensa propia en un esfuerzo agotador para aplacar cualquier necesidad. Es un olor agrio muy peculiar que se adhiere al cuerpo y se asienta en las fosas nasales, un olor que nunca olvidas.

No me doy cuenta de mi propia incomodidad porque me preocupa la angustia de Yordy. En una hora, nuestras piernas están completamente adormecidas. Una pesada lona de plástico cubre el techo del vehículo, y la parte posterior es tan oscura como una cueva; no podemos ver nada. Todo lo que percibimos es que aumenta la velocidad y el camión se ladea bruscamente en cada curva, nuestros cuerpos se tensan con cada ondulación montañosa. No hay nada de lo que podamos agarrarnos para mantenernos firmes, por lo que nuestros cuerpos se empujan unos a otros, produciendo una intimidad forzada y única que sólo se puede formar en este tipo de situaciones.

No hablamos sobre esto, en realidad no hablamos mucho, pero todos hemos escuchado historias de migrantes que han muerto en el viaje, no sólo los que han perecido de sed en el desierto, sino también los fallecidos porque los vehículos que los transportaban cayeron por barrancos sin barreras de contención, desplomándose hacia cañones profundos y rocosos; algunos otros volcaron contra la falda de una montaña, arrojando a los pasajeros a la carretera, apagando sus vidas junto con sus esperanzas y sueños.

En la parte trasera, la mente viaja a lugares aterradores. Cuando no puedes ver nada, no hay manera de saber lo que sucede; entonces empiezas a imaginar cosas. Reproduces imágenes de videos terribles y trágicos que has visto en Facebook o

YouTube, y que se transmiten por Centroamérica más rápido que un meme gracioso. Hay uno, por ejemplo, en el que las familias de veintitrés migrantes guatemaltecos muertos durante el viaje (en Chiapas, no lejos de donde estamos ahora) debido al exceso de velocidad del conductor, forman su propia peregrinación para reclamar los cuerpos de sus seres queridos. ¡Qué desesperanza! Cuando el camión que transporta los cadáveres disminuye la velocidad y se detiene al borde de la carretera frente a los deudos que esperan, todos vestidos de negro, suben al vehículo; se trepan a la parte posterior y suben encima de las cajas de cartón que contienen los cadáveres, tiran los brazos sobre las cajas como si el amor, las lágrimas y los gemidos que provienen de lo más profundo de su ser pudieran resucitar a los muertos. Reproduces en la mente estos videos y entonces insertas a tus seres queridos en los cuadros: tu madre o tu hermana se convierten en esa mujer vestida con una falda negra de poliéster y una blusa abotonada que grita: «¡Ay, Dios mío!». Dios no lo quiera, tu hijo o tú están en una de las cajas de cartón del tamaño de un cuerpo. Te preguntas: ¿cómo van a llevar la caja a tu pueblo? ¿Quién llevará flores a tu funeral? ¿Cómo pagarán el sepelio? ¿Cómo podrá continuar viviendo tu familia?

En el camión piensas en estas cosas y le pides a Dios que esté contigo.

En un momento dado del camino nos topamos con un bloqueo. En el mundo del tráfico de personas hay un centenar de actores con papeles secundarios. Uno de ellos es la «bandera». Su papel es ser una especie de explorador avanzado que informa a los conductores sobre cualquier peligro o inquietud más adelante. La bandera de nuestro trío de camiones ve un puesto de control y advierte a los conductores que salgan de la carretera y esperen.

Cuando un conductor está fuera de su propio territorio, se sale de la ruta o simplemente se encuentra con un poco de mala suerte, no puede saber de cierto si los oficiales inspeccionarán su camión y encontrarán la carga humana. Si la descubren podría ser detenido y su transporte, su medio de vida, confiscado. También podría ser multado con una reducción importante de sus ganancias. Ninguna situación lo favorece porque ambas representan pérdidas de tiempo y dinero.

Nuestros conductores encuentran un lugar para detenerse y salen de sus cabinas para advertirnos a gritos: «Guarden silencio. Mantengan a los niños callados. No se paren porque los verán, y si los ven se acabó, estamos todos jodidos. No hablen; si hablan, los van a escuchar». Hay muchas reglas. Lo único que no nos dicen es que no podemos respirar, aunque apenas podamos hacerlo.

Permanecemos sentados y apretados en completo silencio. Colaboramos para mantener mudos a los niños, pero un bebé no deja de llorar. Su madre prácticamente tiene que sofocarlo para no atraer atención indeseada hacia nosotros. Por supuesto, esto lo hace gritar más; todos estamos desesperados, incapaces de hacer algo para callarlo.

En estas condiciones esperamos durante una o dos horas; es difícil saberlo con certeza porque el sentido del tiempo se alarga y contrae inexplicablemente, distorsionando minutos y horas como la casa de los espejos altera el reflejo de los cuerpos. Al final, alguien pone fin al asunto. Estamos muy cansados. Uno de los pasajeros no puede soportarlo más, tiene que moverse. Y luego todos quieren hacerlo, todos quieren ver, todos quieren hablar. Uno a uno se turnan para mirar fuera del camión, y una vez que se considera seguro, salimos para estirar las piernas. Alguien camina de puntitas hacia la cabina, sólo para descubrir que los conductores ¡están dormidos! ¡Nos tenían a todos aquí hacinados, aterrorizados y dolientes, mientras ellos roncaban pacíficamente en sus asientos!

Nadie se atreve a despertarlos. Estos hombres son contratados por su temperamento volátil. Preferimos dispersarnos fuera del camión e intentar encontrar un lugar donde estirar las piernas y descansar hasta que decidan que es hora de seguir adelante. Doy una vuelta por el perímetro, evaluando nuestras opciones, pero no hay ningún lugar para sentarse. El terreno está lleno de rocas. Aun si pudieras encontrar un lugar cómodo, no querrías sentirte demasiado cómoda; podrías dormirte y los choferes te dejarían atrás. ¿Y qué harías, una mujer sola con dos hijos, en este paisaje lejos de la civilización?

Cuando los conductores despiertan, nos dicen que aún no podemos irnos: el punto de control sigue operando y hasta que se desmantele no podremos avanzar. Aunque estamos fuera del camión, respirando aire fresco, podemos sentir cómo la desesperación se hace más evidente. No tenemos comida ni mucho menos agua. El olor a desechos humanos ha impregnado el aire.

Llegada las cuatro de la tarde, incluso los conductores están inquietos. También tienen hambre, así que van en busca de algo para comer. Se conforman con cualquier cosa, y cuando regresan, cargan bolsas de pollo duro y pan. Hace poco tuve que ir al dentista, así que no puedo comer lo que nos ofrecen. Una embarazada tampoco puede comer, sus náuseas son muy intensas y el olor fétido del entorno no la ayuda. Algunos pasajeros se burlan de ella, aliviados tal vez de que alguien pase más dolor e incomodidad que ellos; la gente puede ser así. Quizá también se rían porque se nota que es una mujer de buena familia: tiene una maleta bonita y su esposo viaja con ella. La llaman «delicada» mientras se ríen. La mujer se queja de dolor de espalda. Creo que la causa podría ser la dureza del viaje, las molestias típicas del embarazo o la deshidratación; de cualquier forma estoy preocupada por ella. Este viaje no es fácil para nadie, especialmente para una mujer que carga con otra vida en su vientre. Los conductores no han traído nada para beber, y sin embargo no son capaces de disculparse.

Mientras estoy sentada sobre una roca, observo cómo los niños juegan con guijarros o permanecen sentados, tan indiferentes como los adultos, dirigiendo sus miradas exhaustas al espacio. De vez en cuando piden comida o bebida, y sus rostros se vienen abajo cuando sus padres no tienen nada para compartir con ellos. A veces dicen que tienen ganas de orinar y los padres miran alrededor, tratando de encontrar un lugar seguro que no haya sido ensuciado. Noto que uno de los camiones, en el que viajaba la embarazada, tiene una fuga en el tanque de combustible. «De ningún modo me subiré a ese camión», pensé. Los hombres intentan arreglar el tanque sin éxito. Quienes son contratados para estos trabajos no son precisamente las personas más inteligentes. Las oraciones no alcanzan para pedir que seamos llevados de manera segura a nuestro destino, cuando estamos en las manos ásperas, indiferentes e incapaces de estos hombres.

De repente, los conductores anuncian que los guardias en el retén han dejado su puesto, por lo que es hora de partir rápidamente. Nos ponemos en marcha, aliviados de dejar este páramo, aunque sabemos que pronto nos enfrentaremos nuevamente a la incomodidad. A pesar de que pensé en no subirme al camión con el tanque averiado, ahí es exactamente donde terminamos. Estoy aterrorizada, pero no le digo nada sobre esto a Yordy ni a Fernando. ¿Y si el vehículo explota, lanzando nuestros cuerpos en llamas? No quiero que mis hijos o yo muramos de esa manera. No quiero que mi familia tenga que llegar hasta aquí para reclamar nuestros restos carbonizados. Intento no pensar en el tanque y dirigir mis pensamientos, en cambio, hacia Dios. «Por favor, ten piedad de nosotros», rezo. «Quédate con nosotros. Por favor, Señor, no nos abandones».

Horas después, en lo profundo de la noche, los camiones se detienen. Podemos escuchar que algo sucede: percibimos el sonido de pasos sobre tierra y grava, y muchas voces que gritan, pero no podemos distinguir ninguna palabra. Suena un disparo en el aire. La oscuridad dentro es tan densa que no alcanzamos a discernir nada. Sólo podemos escuchar lo que parece una batalla épica librándose alrededor de los camiones. Nadie se atreve a moverse o a sacar la cabeza. ¿Qué puedes hacer en un momento así, más que orar? «Dios», empiezo, «tú sabes por qué hemos emprendido este viaje. Conoces las razones de todos los que estamos aquí. No nos sometas a esto».

Cuando los gritos y disparos se detienen, aparece un conductor. Nos dice que dos de los tres camiones y sus pasajeros han sido secuestrados. Este no es un escenario poco común, por desgracia. Cuando los migrantes son secuestrados, se les ordena comunicarse con sus familias, sus familias pobres que ya tienen tantas deudas, y pedir que paguen una tarifa de rescate si quieren ser liberados. Es uno de los muchos peligros comunes a lo largo de la ruta de los migrantes. ¿Y nosotros, en el camión con el tanque averiado? Somos afortunados. El camión que temía tanto hace unas horas en realidad ha sido nuestra bendición, la única razón por la que no fue secuestrado es por el tanque dañado. No tenía suficiente combustible para que los secuestradores nos llevaran. No valía la pena para ellos, así que escapamos. Estoy aturdida por este increíble milagro, por la serie de pequeñas decisiones que tomamos libremente y en especial las que nos vemos obligados a tomar, y cómo cada una de ellas contribuye para apartarnos del peligro.

El conductor nos dice que estamos en Michoacán. Este estado mexicano es famoso por muchas cosas, en particular por los aguacates, las mariposas monarca y los cárteles de la droga. Hemos sobrevivido a la amenaza más reciente, aunque no se ve próximo el alivio. Aún no tenemos comida ni agua y estamos exhaustos, pero tenemos que dormir en el camión. Básicamente, nos hemos convertido en cadáveres. La única diferencia entre nosotros y los muertos es que respiramos.

Este es el punto del viaje cuando todos en el grupo comenzamos a sentir la tensión, y en mi opinión es el momento más delicado, porque la discordia interna entre personas con una causa común puede ser más devastadora que cualquier otro peligro. Cada uno nos volvemos egoístas, preocupados por nuestra propia comodidad y supervivencia más que por el bien mayor del grupo. Todos intentan, en algún momento, reclamar un poco más de espacio para sí mismos, y una pierna extendida puede provocar un acalorado estallido de alguien que siente que su territorio minúsculo en el camión está siendo invadido.

Los mismos fragmentos de conversación resuenan una y otra vez: tengo calor; tengo sed; no puedo ver nada; no puedo sentir mis piernas. Las reiteraciones son tan obvias y tan cansadas que me pican en las orejas. Incluso la persona más agradable se vuelve insoportablemente molesta. El hambre y el aburrimiento de los niños se convierten en focos de tensión constantes, mientras los padres tratan de calmarlos y consolarlos con poco más que palabras y caricias. Cuando Fernando pregunta cuánto más durará el viaje, le digo que estamos de vacaciones y que aún no hemos llegado a nuestro destino.

—¿No es esta una aventura? —le pregunto. Aunque estoy exhausta, me obligo a sonreír y a formular la pregunta con alegría en la voz. Me mira malhumorado y niega con la cabeza.

—No me gustan estas vacaciones —dice muy serio, con un tono triste que nunca antes le había escuchado.

En un viaje como éste, nunca tienes el control. No sabes dónde, cuándo o qué comerás, o si comerás en absoluto. No sabes cuándo podrás detenerte y disfrutar la sensación de un torrente de sangre circulando por tus piernas; las levantas y sacudes una a una para asegurarte de que aún puedes caminar. No sabes cuándo podrás dormir, aunque puedes tener la certeza de que nunca dormirás bien. Y definitivamente no tienes el control de cuándo y dónde podrás ir al baño, aunque puedes confiar en que nunca sucederá cuando realmente necesites hacerlo. Por supuesto, todo esto es exponencialmente más difícil de soportar si viajas con niños.

Desde que los malhechores se llevaron dos de los tres camiones en Michoacán, mi sensación de miedo ha aumentado, así como mi sentido de conciencia. Aunque el viaje me mortifica, sé por el anterior que debo mantener el ritmo. No puedo desperdiciar toda mi energía física y emocional en estos momentos si quiero que lleguemos a la meta final. Debo permanecer alerta en todo momento, en especial porque soy una mujer que viaja con niños. Los hombres pueden hacerle cosas malas a una mujer vulnerable. Le echan piropos y la acosan, en el mejor de los casos. En el peor, son violadas. Eso les sucede a muchas migrantes a lo largo del camino. Muchas nos inyectamos o compramos píldoras anticonceptivas en una farmacia o en el mercado negro antes de salir de casa. Aparte de eso, ¿qué podemos hacer? Nada. Estamos completamente a su merced. Lo único que podemos hacer es asegurarnos de nunca bajar la guardia, porque las transgresiones contra la seguridad de una mujer ocurren cuando un hombre percibe una oportunidad que puede aprovechar.

Es por esta razón que nunca quiero perder de vista a Yordy o a Fernando. La gente sabe que una mujer con hijos es una presa fácil. Si amenazas a sus hijos, lograrás lo que desees, porque hará cualquier cosa para protegerlos, y ellos lo saben. Por eso siempre los mantengo cerca. Pero hay momentos en los que tengo que apartar mis ojos de ellos por una fracción de segundo, como cuando necesito usar el baño y tengo ocasión de hacerlo.

Después del incidente del secuestro de los camiones, nos adentramos más en Michoacán. En algún momento disminuimos la velocidad y luego paramos, y nos ordenan salir; tenemos unos minutos para estirarnos y mirar el sol. El momento es adecuado: necesito aliviarme. Bajo por un terraplén, mis hijos están poco más allá de mi línea de visión. Me bajo los pantalones, me pongo en cuclillas, espero ese momento de alivio, que es muy raro en esas circunstancias. Cuando estoy terminando, giro la cabeza y veo un esqueleto humano en el suelo junto a mí. El horror me inunda y me siento mareada. «Que Dios me acompañe. Dios nos acompañe. Dios, ¿estabas con esta persona cuando encontró su fin? ¿De qué huían? ¿Qué buscaban? ¿Qué llevó a este momento, cuando su cuerpo fue arrojado sobre un terraplén, otro cuerpo anónimo que se unió a aquellos cuyos huesos están esparcidos por toda esta tierra?».

Estoy abrumada por el terror y el asco, y mi estómago se revuelve. Nuestros propios conductores podrían simplemente echarnos y dejarnos aquí. Me subo los pantalones lo más rápido que puedo y trepo por la colina, dando un suspiro de alivio cuando veo a mis muchachos allí, a salvo.

6

La llegada

Los ocho días y noches que pasas en el camión te debilitan en todos los sentidos: emocional, espiritual y físico. Para cuando llegas a la frontera de México con Estados Unidos, casi cuatro mil kilómetros después, sólo te quedarán las últimas reservas de energía. Sin embargo, algunas personas no conservan ni esto. Han soportado esta horrible travesía apenas para tener la frontera a la vista, y no les queda voluntad para correr y alcanzarla. Por supuesto, las cosas se agravan aún más porque los guías, a quienes les has pagado para traerte hasta aquí, aprovecharán hasta la última oportunidad para sacarte dinero.

Antes de que nuestros conductores nos apuren a seguir hacia la frontera, nos preguntan si tenemos dinero, teléfonos o joyas. De ser así, dicen, deberíamos dejarlos con ellos, porque si el Servicio de Inmigración y Control de Aduanas de Estados Unidos (ICE) nos atrapa y los encuentra, nos retendrán por un periodo de tiempo más largo. Debido a que ya he pasado por esto anteriormente, sé que no es cierto. Nuestros teléfonos podrían usarse como evidencia, pero el dinero y las joyas no afectarán el tiempo que permanecerás detenido. Por esta razón, me quedo con los doscientos pesos mexicanos que he mantenido escondidos debajo de uno de mis senos dentro del sostén, la caja fuerte secreta de toda migrante.

Sin embargo, los demás no saben que esto es falso, y están tan agobiados que prefieren despojarse de sus collares y entregar el dinero que les queda. Imagino a los conductores dentro de una hora a partir de que nos marchemos, revisando su botín y burlándose de la inocencia de las personas vulnerables a las que acaban de estafar con éxito y sin ninguna dificultad.

A medida que nos acercamos a la frontera, me preparo mentalmente para el momento. En mi cabeza, mi responsabilidad no es sólo asegurarme de que mis hijos y yo crucemos de manera segura. También quiero apoyar a aquellos que han hecho este viaje con nosotros. Algunas personas, cuando llegan a la última parte del viaje, simplemente se quiebran por el miedo y la incertidumbre, se paralizan. Estamos a tan sólo unos metros de la frontera y sé que tenemos que correr, tenemos que correr, YA. Les digo esto a los que no saben qué hacer, pasmados y temerosos: «¡CORRAN!», «¡CORRAN, YA!», insisto, con voz seca y ronca por la deshidratación. Pero algunos no pueden, están pálidos, paralizados, incapaces de moverse.

Con horror me doy cuenta de que mi hijo es uno de ellos. Yordy está exhausto. También tiene sobrepeso, su cuerpo le demanda mayor energía. Puedo percibir que apenas se mantiene consciente. Su cara ha cambiado, puedo notarlo al mirar sus ojos y boca. El camión nos hizo experimentar momentos tensos, agotadores y aterradores, pero ahora estamos AQUÍ. Es hora de moverse. Esta es nuestra oportunidad. Este es el momento que todos hemos esperado, el objetivo al que nos hemos aferrado durante los días de agobio que pasamos en la parte trasera de ese camión. Pero el suelo es arenoso, y es muy difícil levantar los pies, poner uno delante del otro. Yordy cree que se mueve, pero no es así. Es mi hijo, no puedo simplemente correr y dejarlo atrás. Él es la razón por la que hicimos este viaje. Tengo que retroceder y motivarlo a que siga.

—Mira —le digo con delicadeza pero con apremio, señalando la meta final—, está muy cerca.

Cargo a Fernando bajo un brazo. Clavo los ojos en los de Yordy. Todos los demás han cruzado, pero nosotros todavía estamos en el lado mexicano de la frontera. Tenemos que irnos AHORA. «¡Vamos, Yordy!» le digo, y comenzamos a correr.

Un canal lleno de agua se interpone entre nosotros y Estados Unidos. Hemos visto a personas saltar sobre el canal, o directo a él. Los coyotes usan esta sección de la frontera, en San Luis, Arizona, para cruzar a la gente porque sólo tiene como impedimento el canal y una cerca baja de madera que actúa como una barrera vehicular para dividir a los dos países. En términos comparativos, es un cruce mucho más fácil que «el muro». Las secciones del muro, de casi seis metros de altura, no están muy lejos, pero representan un punto de entrada mucho más retador, por ello los coyotes los evitan. Algunos que intentaron desesperadamente escalarlo sufrieron terribles caídas que les rompieron múltiples huesos, y esto en el mejor de los casos. Siete meses después de que entramos a Estados Unidos, una guatemalteca murió al caer sobre una varilla que le atravesó un glúteo y el torso. Ese tipo de historias te revuelven el estómago, especialmente cuando eres consciente de que la parte de la frontera por la que cruzarás depende por completo de los guías a quienes has pagado para que te traigan. El muro es un lugar particularmente difícil de cruzar para los migrantes con niños o personas con discapacidad.

Al otro lado del canal podemos ver a las camionetas de la Patrulla Fronteriza estadounidense, y a los agentes gritando: «¡No, no saltes!». Si no puedes subir por el borde empinado del canal, te arrojan un salvavidas para evitar que te ahogues, pero esto no es un gesto humanitario, es sólo parte de su trabajo. Los agentes de la Patrulla Fronteriza nos detienen cuando descendemos al canal. Más tarde estaría agradecida de no haber llegado al agua, de lo contrario habríamos sufrido un frío insoportable.

Los agentes nos preguntan de dónde somos. Nos retiran de inmediato los cordones de los zapatos y las ligas para el pelo. Aunque es difícil de creer, estos artículos pueden usarse como armas. También nos confiscan las maletas y lo poco que aún conservamos, aunque para entonces la mayoría nos hemos librado de todo. Nos proporcionan un número de extranjero y nos arrojan a un área cercada conocida como la perrera o a una celda llamada la hielera, debido al frío intenso. Los objetos que hemos logrado guardar se colocan en bolsas y se marcan con nuestros nombres.

Una niña que saltó al canal tiembla con la ropa empapada.

Me doy cuenta de que no le darán una muda seca: van a dejarla en la hielera tal como está. Sufro por ella, porque no les importa en absoluto. Los agentes ni siquiera se han percatado de su presencia. Es sólo una de tantos, un problema que deben resolver rápidamente antes de pasar al siguiente. Para ellos, sólo somos una gran masa de problemas; ninguno es un individuo con historias y miedos, esperanzas, sueños y planes.

Esta experiencia es muy diferente a mi llegada con Fernando en 2014. En aquel entonces también fuimos detenidos por ICE, pero me sorprende lo mucho que han cambiado las cosas en tan poco tiempo. Hace cuatro años, los oficiales hacían su trabajo, pero también expresaban su preocupación por nuestro bienestar. «¿Tienes frío?», preguntaban, y si la respuesta era «Sí», nos traían una manta, no una hoja enorme de papel de aluminio. «¿Tienes hambre?», volvían a preguntar, y al afirmar nos traían algo de comer, al menos un refrigerio. También nos decían que podíamos recostarnos y descansar, para recuperarnos del viaje; nos revisaban regularmente, preguntándonos cómo nos sentíamos y si estábamos bien. Parecía importarles, incluso si sólo estuviesen haciendo su trabajo.

En aquel entonces, al liberarnos nos llevaron a una propiedad lujosa, donde una mujer nos dijo que nos sintiéramos como en casa. Todavía no entiendo este gesto, ni tampoco sé quién era ella. Todo parecía un sueño. Nos mostró el refrigerador, que estaba lleno de comida, y nos dijo que podíamos tomar lo que quisiéramos. También nos enseñó nuestras camas, ¡eran muy cómodas!, y nos pidió que descansáramos. Ella tenía que salir por la noche pero afirmó que volvería al día siguiente, que nos instaláramos como mejor nos pareciera. No pude dormir, ¡toda la situación era tan extraña y sospechosa! Pero a la vez estaba agradecida.

Esta ocasión, las cosas claramente serían diferentes; puedo advertirlo de inmediato. A ninguno de los oficiales parece importarles si tenemos frío, hambre o si estamos incómodos. De hecho, no parecen preocuparse por nosotros en absoluto. Muy pronto sé que nos espera una experiencia muy distinta y bastante más dura. Lo que no advierto es cuán diferente o difícil será.

7

La hielera

En la hielera, esperamos turno para dar nuestra información a los funcionarios de ICE. Cuando me llaman, los agentes me preguntan quién me acompañaba, les digo que mis dos hijos, Yordy y Fernando. Les doy nuestros nombres completos, fechas de nacimiento y demás, y luego nos preguntan por qué estamos entrando a su país. Intento explicarles nuestra situación, pero no pierden tiempo en decirnos que no deberíamos estar aquí, que seremos deportados, y que nuestro viaje ha sido una pérdida de tiempo y dinero. No respondo nada. Si hay algo que he aprendido en la vida es que a veces el silencio es mejor y más efectivo que una respuesta.

Cuando me niego a continuar dando más información o a contestar a sus insultos, me dicen que nos trasladarán a unas celdas, donde esperaremos. Les respondo que lo entiendo. Pero luego me informan que Yordy irá a una celda y que Fernando y yo a otra. Mi corazón da un vuelco y encuentro el coraje para decir:

—Es mi hijo. Él viene conmigo.

—No —dice el oficial con voz implacable —. Irá a otra celda porque es un chico grande.

Dice «chico grande» con una sonrisa burlona, como si supiera que Yordy es un niño de mamá, lo que, por supuesto, significa un niño débil.

—Es un menor —respondo. El oficial insiste en que Yordy debe ir a una celda diferente, donde están recluidos otros jóvenes de su edad. Con resignación me doy cuenta de lo impotente que soy. Miro a Yordy y le digo que esta separación durará apenas unas horas, que lo veré pronto y que lo amo. Trato de mantenerme firme, pero estoy llena de preguntas. La incertidumbre por saber qué pasará con él me carcome, y me abruma el hecho de que no podré estar a su lado para protegerlo.

Los guardias me acompañan junto con Fernando a una celda diferente, que al momento ya ocupan quince mujeres o más, algunas de ellas acompañadas de uno o dos hijos. Todos tienen frío y están desesperados, sus cuerpos impregnados con el olor del miedo. Algunos tratan de descansar sobre cojines viejos y delgados que no pueden llamarse colchones. Otros yacen en el suelo helado, agotados y temblorosos.

La reducida celda está abarrotada. Encuentro un lugar para sentarme en la esquina de una banca helada y trato de cubrir a Fernando con una manta pequeña que los agentes considerarían de contrabando. Algunos de nuestros compañeros de celda tienen la suerte de llevar suéteres. Otros dicen que tienen uno en su mochila, y esperan que los agentes les permitan recuperarlos para protegerse del frío de la hielera. «Oficial, ¿podría darnos los suéteres que están en nuestro equipaje?», preguntan. La respuesta, por supuesto, es no. Parece que el frío aumenta con la crueldad deliberada de los agentes.

Cada tanto, me levanto de la banca y camino hacia la ventana. Presiono la cara contra ella intentando ver a Yordy, quizá pueda hacerle saber sin palabras que estamos aquí, que puedo ver dónde está y que todo estará bien. Miro y busco, fuerzo la mirada, pero no puedo verlo.

Me duele el cuello, y conforme pasa el tiempo comienzo a sentir una palpitación intensa y dolorosa. Un oficial se acerca distribuyendo sopas instantáneas, frías y semicrudas; puedes notarlo porque los fideos siguen estando duros. Le pregunto:

—¿Podría darme algún medicamento para el dolor, por favor? Me duele mucho el cuello.

El oficial rechaza mi solicitud y dice que sólo puedo recibir ayuda si es una emergencia y necesito ir al hospital.

—Simplemente debes aguantar el dolor —dice.

En los meses venideros, las noticias sobre niños que mueren en la hielera no me sorprenden. Las condiciones en este lugar tan frío no ayudan a la supervivencia, especialmente la de los bebés o los niños pequeños, a pesar de que los oficiales afirmen que el frío es por nuestro bien. Según ellos, mantener una temperatura baja en la hielera refuerza la prevención o eliminación de enfermedades contagiosas que tienden a surgir en espacios reducidos. Pero el frío en sí mismo puede matar a una persona, especialmente si su cuerpo se encuentra debilitado por un largo viaje.

Aquí estás completamente bajo la voluntad de los funcionarios de inmigración. Nunca sabes si es de día o de noche, se puede ver el exterior. No puedes alimentar a tu hijo cuando tiene hambre, mucho menos leerle o alentarlo a jugar con algún juguete porque los objetos personales no están permitidos, a no ser que hayas logrado colar alguno y mantenerlo fuera de la vista de los guardias. Tampoco eres capaz de responder a ninguna de las preguntas que hace: «¿Por qué estamos aquí? ¿Cuándo nos iremos? ¿Cuándo veré a mi hermano?», porque no conoces las respuestas. Es imposible acurrucarlo y acomodarlo porque el único espacio que le queda para dormir en la celda es tu regazo.

En la hielera no tienes poder sobre tu propio cuerpo. Ni siquiera puedes tomar una ducha. No puedo soportar la sensación de suciedad, así que rompo la monotonía tratando de lavarme el pelo en el pequeño lavabo de la celda. Les ruego a algunas de las mujeres con bebés que me den algunas toallitas húmedas para poder limpiar el resto de mi cuerpo y a Fernando también: todas son muy amables y comparten sus pertenencias conmigo. Froto los paños húmedos sobre nuestra piel, la cara, brazos, manos y genitales. No somos libres, pero al menos nos sentimos un poco más limpios.

Después de tres días, finalmente puedo ver a Yordy por primera vez. Setenta y dos horas pueden parecer toda una vida, especialmente cuando estás sentada en una celda tan fría, con ansiedad y temor, y sin nada más que hacer que pensar. Nos miramos a través de una ventana, nuestros ojos se encuentran. Estoy tan desesperada por abrazarlo, sujetarlo entre mis brazos, pero no puedo hacerlo. Así que le pido a Dios que nos dé fuerza para superar este terrible momento de dolor. Me pregunto cómo se siente él, qué piensa. Si puede dormir y si está comiendo. Estas son las preocupaciones de una madre por su hijo. Yordy es mi primer hijo, por él me convertí en madre. Por esta razón, y luego de la muerte de su padre, siempre he sentido una enorme necesidad de protegerlo. Aquí encerrada, sin poder hacer nada por él ni saber cómo está, me encontraba en un estado de ansiedad diferente a todo lo que había vivido anteriormente.

Dos días más pasan y los funcionarios de ICE me llaman finalmente para completar el papeleo. Me vuelven a pedir toda nuestra información: nombres, fechas de nacimiento, país de origen, y me pregunto por qué estamos obligados a proporcionar detalles que ya hemos dado tantas veces. ¿Tratan de atraparnos en una mentira? ¿O son realmente tan desorganizados? De cualquier manera, me permito la pequeña indulgencia de pensar que completar más papeleo es una buena señal. Me convenzo de que pronto volveremos a estar juntos. Pero mis esperanzas se desvanecen cuando, al terminar el trámite, me llevan de vuelta a la hielera. La incertidumbre de no saber qué sucede y qué sucederá después es lo más difícil de todo. Incluso más que tener hambre, que pasar frío.

Al día siguiente, me llaman nuevamente.

—¿Alguien en Estados Unidos puede recibir a sus hijos? —me pregunta un oficial.

—No, no tengo ningún familiar en este país —respondo. Es una respuesta honesta, la única. También es una sentencia que lo cambia todo.

—Sus hijos no pueden permanecer en este centro por más tiempo —responde el oficial, sin mirarme a los ojos—. Los enviaremos a un lugar mejor mientras procesamos su documentación.

¿Un lugar mejor? ¡Para mí no hay mejor lugar para un niño que al lado de su madre! Mi mente, que ha estado tan vacía y silenciosa, se ve atormentada de pronto por un torbellino de pensamientos y preguntas, dudas que el oficial no responderá. ¿Cuándo se llevarán a mis hijos? ¿A dónde? ¿Por cuánto tiempo? ¿Quién se encargará de ellos? ¿Cuándo los volveré a ver? El oficial no ofrece ninguna información. No quiero que mis hijos se vayan de aquí sin mí.

De vuelta en la celda, acuesto a Fernando en mi regazo, la preocupación me corroe la mente y el corazón. Mi pequeño parece tener un virus estomacal, probablemente debido al agua y la sopa fría. Su pequeño cuerpo se encorva mientras se esfuerza por vomitar. Cuando acaricio su frente percibo que está húmeda a causa de la fiebre. Quizá sea mejor si lo llevan a otro sitio. Por lo menos podría ser un lugar más cálido, donde pueda comer algo caliente. Hemos estado aquí casi una semana, creo que cualquier papeleo que deba completarse estará listo en un par de días más, así que está bien, pueden llevarse a los niños a un lugar más acogedor, los veré nuevamente en dos o tres días.

¡Qué inocente puede ser la mente! No había manera de prepararme para lo que vino después.

8

La separación

El día después de que me informaran que mis hijos serían trasladados a una instalación más adecuada, un oficial gritó mi nombre. Todos en la celda intentábamos dormir, la voz áspera cortó mi sueño de tajo. Hago un esfuerzo por levantarme del suelo sin despertar a Fernando y camino hacia la puerta. «Trae a tu hijo», dice el oficial. Doy la vuelta y me agacho para levantarlo entre mis brazos, con cuidado de no perturbar su sueño, y al hacerlo me doy cuenta de que no tiene zapatos.

—Llévelo al baño y límpielo —increpa el oficial—. Se lo llevarán dentro de poco y tiene que estar aseado antes de irse.

—Necesito volver a la celda, por favor —respondo—. Necesito sus zapatos y su dinosaurio.

Fernando había traído su dinosaurio de peluche desde Guatemala. Después de recorrer miles de kilómetros y superar tantos obstáculos desde casa, el tiranosaurio color oliva, con garras y dientes amenazantes, aún lo acompaña. Conseguimos conservarlo porque nos aseguramos cuidadosamente de que siempre estuviera con nosotros. El dinosaurio lo ayuda a dormir y, a decir verdad, se ha convertido en su mejor amigo, una criatura a la que puede confesarle sus preocupaciones y temores, y en la que puede buscar consuelo. Cuando necesita ser fuerte, Fernando ruge como un dinosaurio.

—No puede sacar nada de la celda ahora —responde el oficial, señalándome el baño.

Estoy confundida y asustada, siento un nudo enorme formándose en mi garganta. Veo a Yordy fuera de su celda; él también está siendo dirigido a las duchas. Corro hacia él y lo abrazo, despertando a Fernando al hacerlo. Yordy me pregunta: «Ma, ¿qué va a pasar?», y ambos lloramos.

Sacudiéndose el sueño, Fernando nos mira con los ojos muy abiertos.

—¿Qué pasa? —pregunta.

—Nada —le digo en el tono más tranquilo en el que soy capaz de hablar—. Voy a darte un baño para que puedas salir a caminar con Yordy.

Fernando todavía tiene sueño y es pequeño, pero no tonto.

—¿Y tú?, ¿vienes con nosotros? —pregunta.

Trato de encontrar las palabras correctas y me obligo a hablar a través del nudo en mi garganta.

—Iré más tarde —consigo decir—. Tengo que encargarme de algunas cosas aquí, así que los alcanzaré en un ratito. Además, no cabemos todos en el carro.

Lo limpio mientras el agua sale del cabezal de la ducha,

una pequeña cascada similar a lágrimas. Contengo mis propios gritos. No quiero que los niños sepan cuánto sufro, lo asustada que estoy.

Salimos de la zona de duchas y a los muchachos les entregan sudaderas grises y un par de chanclas, les dicen que se las pongan. Las de Fernando son demasiado grandes y no puede caminar bien. Nadie se molesta en buscar unas de su talla, por lo que se las quitan y lo dejan sin ningún tipo de calzado. Tampoco lleva calcetines.

———

Los muchachos ya están vestidos, así que es hora de decir adiós. Nos abrazamos fuertemente y le digo a Yordy que debe cuidar a Fernando, que nos veremos de nuevo muy pronto. Rompe a llorar. Fernando, confundido, se abraza al cuello de Yordy. Veo cómo se los llevan.

¡Cuánto deseo correr e irme con ellos! Cuando están fuera de mi vista, no puedo contener las lágrimas, y lloro incontrolablemente. Lo único que quiero hacer es derrumbarme en el piso y llorar hasta que mi cuerpo se haya vaciado. Pero el oficial me dice que necesito recoger lo que tenga en la celda y traerlo conmigo. Yo también tengo que irme.

Miro el reloj y me doy cuenta de que son las dos de la mañana. ¡Los oficiales se han llevado a mis hijos en plena noche! Tomo los zapatitos de Fernando, el dinosaurio y su manta. El oficial me conduce a otra celda, donde me encierra. Cuando miro alrededor, me doy cuenta con rapidez del tipo de celda donde estoy. No hay niños. Aquí todas somos madres, madres a quienes les han quitado a sus hijos.

Al día siguiente, lloro desbocadamente. ¿Quién diría que el cuerpo puede producir tantas lágrimas? Pero eso no me alivia ni un poco; cuanto más lloro, más dolor siento. Otra madre se inclina hacia mí y toca suavemente mi brazo. «Ya cálmate, calma», me dice. Sé que trata de ayudarme, y que entiende el dolor que siento porque también es su dolor, pero el sufrimiento es tan profundo que sus palabras no logran su propósito.

9

La prisión

El camino que va de San Luis al Centro de Detención Eloy no es recto. Un grupo de nosotras es transportado desde la hielera en lo que los inmigrantes llamamos la «perrera», un camión para cazar perros, porque eso es exactamente lo que parece. Nos conducen hacia el este en un viaje de más de tres horas y media al Centro Penitenciario Florence. Pasamos varias horas esperando en un tráiler, sin explicación alguna; nadie se molesta en aclararnos nada. El silencio constante, la falta de información, el trato hacia nosotras, como si simplemente no estuviéramos ahí, es enloquecedor.

Más tarde nos suben a un autobús para llevarnos al sur hasta una instalación llamada Santa Cruz, que se encuentra justo en la frontera en Nogales, al igual que San Luis. Actualmente, en ocasiones reviso un mapa en línea y observo los vastos espacios por los que pasamos; me doy cuenta de que entre estos puntos fronterizos al sur de Arizona hay un monumento nacional con un hermoso nombre: Organ Pipe Cactus. Me gustaría ir allí algún día y ver ese cactus, que, según he leído, es el único lugar donde crece naturalmente. En el espacio fronterizo entre San Luis y Nogales también hay una gran reserva india. Leí que algunos de sus familiares viven aquí, en Estados Unidos, y otros en el norte de México. La frontera divide su tierra: una herida, una cicatriz, un puente. Ellos se oponen al muro, a pesar de que los miembros tribales tienen un permiso especial de los gobiernos de Estados Unidos y México para cruzar de un lado a otro. Las ciudades en esta parte del mapa tienen nombres muy parecidos a los de los poblados de Guatemala, al menos como suenan: Tat Momoli, Comobabi, Tumacácori-Carmen.

En el centro de detención de Santa Cruz, nos dicen que nuestro destino final será Eloy, un centro de detención de ICE al norte de aquí, pero aún no pueden trasladarnos. La instalación está llena: una prisión repleta de mujeres inmigrantes, la mayoría de ellas separadas forzosamente de sus hijos en la frontera. Después de una semana, nos piden que formemos una fila para subir de nuevo al autobús, esta vez con destino a Eloy. Cuando por fin llegamos, nos dan uniformes de prisión y nos conducen hacia las celdas.

Esta será mi casa durante los próximos ochenta y un días.

Durante las primeras semanas en prisión ocurre una situación peculiar, pues logro controlar un poco el impacto del miedo y la incertidumbre y mi cuerpo comienza a recuperarse de la deshidratación y el agotamiento por el viaje desde Guatemala. Todo pasa de pronto mientras armo un rompecabezas sentada con otras mujeres en el área recreativa.

A medida que separábamos las piezas con borde liso del resto, las cuales formaban la imagen de un mapa de Estados Unidos, observábamos la forma de cada estado y pronunciábamos los nombres de aquellos donde planeábamos vivir. «MI-SI-SI-PI». «NORT-CARO-LINA». «NEU-YOR». De repente, una mujer interrumpe nuestro juego de pronunciación con una risita.

—¿No es gracioso? —pregunta, colocando una pieza de la frontera en su lugar—. ¡En cierto modo, no tenemos que preocuparnos por nada aquí! Esta mañana, no tuve que preocuparme por buscar algo de comer, ni en ir por leña para cocinar. No me importó la ropa que debía usar: ¡todas llevamos los mismos trapos horrendos!

La risa se extiende por la sala mientras observamos los uniformes que llevamos puestos: monos toscos, feos, holgados, que no hacen justicia a la figura de cada mujer, ni a sus gustos.

Trato de imaginar cómo podría vestirse y arreglarse cada una de estas mujeres fuera de las celdas, las paredes y el alambre de púas de la prisión; combino su personalidad con un estilo particular. En este juego mental semejante a vestir muñecas, comienzo a pensar en la ropa, las joyas y los accesorios que vendía en mi tienda. Creo que esta probablemente usaría calzas de colores, una blusa con lentejuelas brillantes y cuñas de plataforma. Lleva uno de esos pequeños bolsos con una cadena de metal como correa, seguramente se pone aretes grandes y brazaletes en las muñecas. Esa otra mujer, sin embargo, se ve mucho más conservadora, usa faldas más largas y tops discretos, tratando de no llamar demasiado la atención. Si usa joyas, sólo una cadena de oro, y mantiene su dinero doblado en un bolsillo o delantal que ata fuertemente a su cintura. Sus zapatos deben ser unas simples sandalias.

Mi mente divaga durante unos minutos, y luego vuelve al rompecabezas y a la conversación.

—¡Por primera vez en mi vida, no estoy corriendo de un lado a otro para ganar dinero, cuidar a mis hijos ni para hacer nada! —dice otra—. ¿Cuándo fue la última vez que alguna de ustedes se sentó y no hizo nada? ¿Cuándo fue la última vez que se sentaron a armar un rompecabezas?

—¡Nunca! —dice otra compañera mientras sacude la cabeza.

—¿Cuándo fue la última vez que me senté a dibujar? —se pregunta en voz alta otra mujer. Lo piensa por un minuto antes de admitir que en realidad no puede recordar. Tal vez nunca.

El tono con que inició esta conversación era divertido, y nos tenía en un silencio agradable y cordial mientras seguíamos clasificando las piezas del rompecabezas. Sin embargo, yo no podía evitar reflexionar más profundamente sobre las palabras y las observaciones de esas mujeres. Por primera vez en nuestras vidas, no estábamos matándonos trabajando. Creemos que somos indispensables, más que necesarias, pero estar detenida me hace comprender a conciencia que no lo somos. Nos han quitado a nuestros hijos y alguien más los está cuidando, pero eso no significa que no queramos criarlos, o que estemos pasando este momento recreativo al armar un rompecabezas como si estuviéramos en unas vacaciones de amigas.

Para mí, es un momento para meditar sobre lo que realmente

queremos en la vida y lo que tenemos para ofrecer. Fuera de este centro de detención, la vida continúa y nuestras familias están aprendiendo a vivir sin nosotras. Es difícil pensar en esto, pero también es necesario. Respiro hondo y rezo en silencio: «Dios, no sé dónde están mis hijos, ni con quién, pero sé que están en tus manos, así que confío en Ti. Muéstrame la razón por la que estoy aquí». Con el tiempo, lo hizo. Me mostró que el mundo es como es y que seguirá girando conmigo o sin mí, así que debo trabajar en mi vida espiritual. ¿Qué había hecho para alimentar mi vida espiritual antes de Eloy? Nada.

––––––––––

Sin duda, la detención ofrece muchas oportunidades para profundizar en la vida espiritual. En un entorno donde reina el aburrimiento y la carencia es fácil, incluso para la persona más centrada, perder el control o meterse en un problema que no está buscando. Las disputas mezquinas son acontecimientos cotidianos.

Por ejemplo: algunas compañeras de celda se pelean por la diminuta ventana, que no mide más de treinta centímetros, pero que da al centro de detención de los hombres, apenas visible al otro lado del patio. Todas las ventanas están cubiertas por una película opaca y tienen rejas, pero eso no impide que las mujeres se amontonen en la litera superior para entretenerse. Se turnan el sitio para intentar que algún hombre con una ventana similar lea a lo lejos los mensajes de amor y deseo que escriben en trozos de papel y que pegan contra el vidrio. Hacían reclamos absurdos sobre hombres cuyos rasgos apenas podían distinguir y cuyo carácter ciertamente no podían evaluar a la distancia: «¡Ese es mi hombre!», decía alguna. «Mujer, ¿de qué estás hablando? ¿Estás loca? ¿Quieres tener un problema conmigo?», contestaba otra, «¡Ese es el mío!».

Mujeres que fuera de aquí se comportaban recatadamente, se levantaban la playera y presionaban los senos contra la ventana, ofreciendo un espectáculo que esperaban fuera recíproco, y aguardaban atentas cualquier manifestación; un poco de diversión para poder distinguir un día de otro. Permanezco en mi litera inferior mientras escucho a mi compañera describir lo que pasa, negando con la cabeza de un lado a otro y sin interesarse por participar en nada de eso.

Con el tiempo, las exhibiciones diarias se volvieron tan problemáticas que las guardias nos reunieron a todas para hacernos una severa llamada de atención. Nos dijeron que teníamos prohibido mostrar partes del cuerpo a los detenidos, amenazándonos con la historia de una mujer llevada a confinamiento solitario, el hoyo, por comportarse de esa forma. «Si quieren evitar un destino similar», dicen con tono áspero, los ojos entrecerrados y el entrecejo fruncido, «será mejor que dejen de mostrar los senos».

Yo nunca froté mis senos contra el cristal, ni tengo interés en hacerlo. Pero la cuestión es que, aun cuando haces todo lo posible para evitar problemas, es inevitable verte envuelta en alguno. El conflicto al que me enfrento, que pone a prueba mi proyecto de desarrollo espiritual para que Dios pueda ver cuán lista y dispuesta estoy a dejar que me transforme, es por algo tan simple como una sopa instantánea.

Las filas para usar el microondas siempre son largas, no sólo porque hay solamente un microondas para todas, sino también porque la sopa tarda quince minutos en calentarse. No es una comida muy práctica para las personas en prisión. Quince minutos es tiempo de sobra para que un problema surja.

Soy la próxima en usar el microondas. La máquina ha sonado para indicar que está lista la sopa de la mujer delante de mí, pero nadie la reclama.

—¿De quién es esta sopa? —pregunto. Pero nadie contesta. Alguien grita: «¡Patel, Patel! ¡Tu sopa está lista!», Pero Patel, una chica de dieciocho años originaria de India, no aparece, y la fila detrás de mí se inquieta. Mi compañera dice:

—¡Rosy, sólo saca la sopa de Patel del microondas y déjala a un lado, para que todas podamos comer algo antes de que acabe el día!

Así que saco la sopa y la pongo sobre la mesa para introducir la mía, y marco 15 minutos en la máquina.

Tan pronto como el microondas vuelve a funcionar, aparece Patel. Cuando ve su sopa en la mesa, se enfurece y está dispuesta a pelear. Con brusquedad, saca de la máquina mi sopa, que me había regalado una amiga, y la tira al suelo. El bloque de fideos aún duros se rompe contra el suelo mientras el líquido del vaso se acumula a mis pies.

Me grita algo, pero no hablamos el mismo idioma. Intento explicarle con gestos que el microondas ya se había detenido. Ella continúa gritándome mientras señala mi Biblia; puedo imaginar que dice algo como: «¿De qué te sirve andar con la Biblia bajo el brazo y dártelas de justa y piadosa cuando en realidad eres una mentirosa?».

«Dios, quédate conmigo», pienso. Es claro que quiere pelear, pero no voy a darle gusto. Dios está obrando en mí, dándome la oportunidad de cambiar mi carácter. Patel es un disfraz de Dios, dándome ocasión de probar mi autocontrol y paciencia.

Es una lección importante, porque si existen características que resultan necesarias para sobrevivir aquí lo son el autocontrol y la paciencia.

———

La parte más difícil de ver pasar los días y las semanas es no saber cuánto tiempo estaré aquí, y aunque me siento agradecida por mejorar mi relación con Dios y poder concentrarme completamente en Él, mentiría si no admitiera que también me siento intranquila.

Hay algunos momentos de felicidad, como los días, más o menos una vez por semana, cuando puedo hablar con Yordy y Fernando. «Estamos bien, Ma», me dice Yordy, asegurándome que cuida muy bien a Fernando. Viven en una parte de Nueva York llamada «Bronx», y se alojan con una madre de acogida de habla hispana que es amable con ellos y los alimenta bien. Otros niños separados de sus madres en la frontera viven con ellos en el mismo apartamento, ocho en total. Yordy dice que sabe de otra familia de acogida que alberga a trece niños.

«¡Tantos niños sin sus padres!», pienso. Me pregunto dónde

están sus madres, si están encerradas aquí conmigo, cómo pasan los días mientras esperan para reunirse con sus hijos.

Yordy dice que cada mañana su madre de acogida los despierta, les entrega su ropa, les da el desayuno y los lleva a su camioneta con la que cruzan el puente hacia Manhattan, donde pasan el día en un lugar llamado Centros Cayuga. Esta es la agencia de acogida que los entregó a ella. Dentro de algunos meses descubriré que este centro, como otro llamado Southwest Key, ha obtenido millones de dólares por el cuidado de nuestros hijos, un hecho que hizo sospechar a los activistas, quienes realizaron protestas frente a estos centros. Yordy me asegura que su madre de acogida y los trabajadores sociales de Cayuga son buenas personas, y que tanto él como Fernando estarán seguros ahí hasta que podamos reunirnos. Espero que lo que dice sea verdad.

Por la tarde, la madre de acogida recoge a los niños y los lleva de vuelta a su apartamento, situado sobre un local de comida; al otro lado de la calle hay un patio de juegos que forma parte de uno de los grandes proyectos de vivienda en la ciudad. Se supone que debe vigilarlos todo el tiempo, afirma Yordy, pero los deja ir a divertirse sin supervisión porque confía en que los niños mayores cuiden a los más pequeños. Los llama a todos «mijo», pero cuando quieren llamarla «mamá», se asegura de que añadan su nombre después. No quiere que la confundan con sus madres biológicas porque no busca sustituir a nadie, afirma ella; sólo protege a los niños en un abrazo seguro y amoroso hasta que nos podamos reunir de nuevo.

Cuando los chicos le preguntan cuándo ocurrirá eso, es honesta y les dice que no lo sabe. Pero les asegura que sus madres los aman, y que si pudiéramos estaríamos allí en ese momento. Ella tiene sus propios hijos biológicos, aunque ya son adultos, así que conoce el corazón de una madre. Cuando hablo con ellos, Yordy también me pregunta cuándo volveré y les digo «pronto», aunque no tenga idea de cuándo estaremos juntos. «Primero Dios», le digo. «Ora a Dios todos los días y di que nos reuniremos cuando Él esté listo. No pierdas la Fe». Me dice que confía en mí y en Dios, y que sabe que volveremos a estar juntos pronto.

————

Estar en prisión también te hace más inteligente. Con la falta de, pues, todo, excepto tiempo libre, descubres rápidamente cuán creativos son los seres humanos, cuán creativa eres; que todos podemos ver una necesidad y satisfacerla con un poco de ingenio. Aprendes a calentar una tortilla fría e insípida en la llave del lavabo de una celda, haciendo correr el agua caliente durante cinco minutos, o a blanquear los calcetines y la ropa interior con pasta de dientes a falta de desmanchador.

Estar en prisión te aporta una nueva perspectiva. Te lleva a descubrir capacidades y destrezas que no sabías que tenías. De pronto las bolsas de basura se convierten en rosarios improvisados, con las cincuenta y nueve oraciones y el crucifijo con Jesús en la agonía de la muerte.

Una mujer aquí se casa con un hombre también detenido (de alguna manera, consiguen permiso para una visita y aprueban su ceremonia de matrimonio para santificar su unión), y alguien les hace anillos de boda con cubiertos de plástico. ¡Los anillos incluso tienen grabados sus nombres!

Un gran número de mujeres pasan el tiempo haciendo magia: tejen bolsas vacías de papas fritas, que de otro modo estarían destinadas al basurero, para hacer billeteras o carteras atractivas y coloridas. Ciertamente, no hay escasez de suministros para esto. En Eloy, las artesanas detenidas intercambian estos tesoros hechos a mano por productos de la tienda o por llamadas telefónicas. Negocian y regatean como si estuvieran en el mercado: «Te doy este bolso si me consigues diez sopas Maruchan». Más tarde, fuera de la prisión, sabré que carteras y bolsos como estos se venden en tiendas elegantes por una cantidad absurda de dinero: veinte dólares como mínimo, pero hasta cientos de dólares en algunos casos.

También expresamos nuestra creatividad e ingenio en las celebraciones, como cumpleaños o liberaciones, que ocurren con mayor frecuencia gracias a las madres activistas y su recaudación de fondos; o simplemente cuando queremos mostrar nuestra gratitud. Una detenida ha ayudado a muchas de nosotras a redactar documentos legales para solicitar una audiencia de fianza, y Dalila, una mexicana con talento para hacer cosas interesantes de la nada, dice que le preparará un pastel como agradecimiento comunitario.

Dalila es audaz y se las arregla para robar algunos huevos del comedor. Nos pide a algunas guardar el pan de nuestras comidas, aplanando los bollos esponjosos entre servilletas; luego debemos esconder este contrabando en forma de cuerda en el sostén para evitar ser detectadas cuando los guardias realizan inspecciones. Convence también a otras detenidas de participar, alentándolas a juntar mantequilla y crema en polvo de la cafetería. Sacamos en secreto estos artículos y los llevamos a nuestras celdas, para luego asegurarnos de que le sean entregados a Dalila. De algún modo, sin un tazón, batidora ni horno, y sin harina o vainilla, convierte todos estos ingredientes en un impresionante pastel con glaseado y todo.

La dulzura que saboreamos no proviene meramente de los ingredientes: su creatividad y esfuerzo hacen que el pastel sea mejor que cualquier tarjeta o regalo comprado en una tienda.

Sin embargo, son pocos y espaciados los momentos de celebración. La mayoría de los días se caracterizan por una monotonía que adormece la mente y el alma. En Eloy no tenemos nada ni a nadie más que a nosotras mismas. No poseemos dinero. No somos dueñas de nuestras propias vidas o destinos. No elegimos la hora en que despertamos, ni cuándo queremos dormir. No decidimos cuándo tomar un baño. No tenemos a nadie más que a Dios.

Las que ya nos considerábamos mujeres de fe, y somos la mayoría, nos volvemos más fervientes. Eloy es una revelación, una venda que cae de nuestros ojos. La detención, curiosamente, es una absolución asombrosa. Una vez estuvimos ciegas, pero ahora empezamos a ver. Poco a poco, a menudo dolorosamente, comenzamos a entender que lo que necesitamos para sobrevivir existe dentro de nosotras y en nuestra relación con Dios. Nos damos cuenta de que las cosas materiales son por mucho lo menos importante. En este momento de nuestras vidas, cuando somos menos libres, literalmente, muchas finalmente descubrimos nuestra libertad.

10

Despegue y aterrizaje

—Empaca tus cosas, Pablo Cruz —dice la *miss*, como si realmente tuviera algo que guardar aparte de mi Biblia y el dinosaurio de Fernando, que he logrado conservar. ¿Qué quiere decir exactamente? ¿Dejaré acaso a mi compañera, Lucrecia, para trasladarme a otra celda, y si es así, por qué? Pienso en la visita de José Orochena de hace tres días. Dijo que creía que me liberarían, y aunque esto me dio un poco de esperanza, no había puesto mi Fe en ello. Pero ¿podría ser? ¿Me voy de Eloy?

¡Me voy! Y aunque estoy eufórica (¡quizás veré a mis hijos pronto!), también estoy abrumada por otras emociones, incluyendo la tristeza. Cuando las mujeres son liberadas de Eloy, nunca se les da suficiente tiempo para despedirse de nadie. A pesar de todas las disputas y los desacuerdos que definen la vida cotidiana en un centro de detención, se forman amistades muy intensas; las experiencias compartidas de separación y privación crean una hermandad especial. Esto aún más cierto entre las que comparten celda, porque pasan mucho tiempo juntas. Extrañaré a muchas, pero particularmente a Lucrecia. El hecho de que ambas somos de Guatemala, que nos han quitado a nuestros hijos, que poseemos una profunda Fe y, por supuesto, el espacio que compartimos, nos ayudaron a formar una relación estrecha. Odio dejarla atrás, sobre todo porque no sé qué futuro le espera.

José ha viajado desde Nueva York para recogerme en Eloy. Cuando las puertas se abren y siento el envolvente calor del desierto, me doy cuenta de que está vestido con el mismo traje y el saleroso sombrero que llevaba el día que nos conocimos. Estoy conmocionada y me siento como si estuviese siendo arrastrada al vórtice de un tornado, con todo girando a mi alrededor a tal velocidad que no puedo distinguir nada claramente. Las lágrimas que brotan de mis ojos y se derraman por mis mejillas también hacen que todo resulte borroso.

¿Cómo cambia tan rápido la vida? En un momento estás sentada en una celda en un centro de detención, esperando que pase el tiempo, y al siguiente te quitas el uniforme de la prisión y te pones la ropa que llevabas puesta durante el viaje de tu país a Estados Unidos. Está sucia, por supuesto, y ya no te queda porque has perdido mucho peso. En un instante, las personas a cargo de ti te tratan con apatía o asco absoluto, y después descubres a personas que te sonríen y te esperan con los brazos abiertos, gente que ni siquiera conoces y que te toma de la mano para decirte que todo estará bien, que van a estar a tu lado en esta próxima parte del viaje.

José abre la puerta del pasajero de la camioneta que ha alquilado para que pueda subir. Floridalma y Lilian, las otras dos mujeres a quienes se les ha pagado la fianza, suben al asiento trasero. También las separaron de sus hijos. Una es de Guatemala y la otra de Honduras. Hablamos un poco entre nosotras, compartimos la incredulidad de estar libres al fin. Charlamos acerca de nuestras familias, dónde están y si nuestros hijos todavía permanecen en el cuidado de acogida. Han pasado muchas cosas desde que fuimos detenidas en 2018. La hija mayor de Floridalma, por ejemplo, acaba de tener un bebé, lo que la convierte en abuela por primera vez.

José se desliza en el asiento del conductor y enciende el motor. El centro de detención se aleja de nuestra vista pero nos detenemos justo a unos metros de su periferia, donde un grupo de periodistas nos espera. «¿Cómo te sientes?», pregunta en español un periodista blanco. Es difícil contestarle; ninguna de nosotras tenemos las palabras para explicar por lo que hemos pasado, y mucho menos a personas que nunca lo han vivido en carne propia.

Nos dirigimos a una tienda departamental llamada JCPenney, donde José quiere comprarnos algo de ropa y zapatos. Puede ver claramente que la nuestra está sucia y no nos queda bien; quiere que estemos cómodas, ya que cada una partirá en viajes separados a través del país para reunirnos con nuestras familias. En cuanto a los zapatos, ICE nos devolvió los que usábamos cuando llegamos a Estados Unidos, pero no nos entregaron los cordones, descartados hace mucho. Imagino que en alguna oficina de ICE un armario guarda una enorme maraña de cordones, de todos los tamaños y colores, confiscados a todos los padres y sus hijos migrantes.

Caminar sin cordones en los zapatos es una humillación particular porque no es normal. Aunque alguien adivine que nuestra falta de cordones es señal de haber estado en prisión, la extraña forma de caminar cuando los zapatos no los tienen llama la atención y nos distingue, identificándonos como gente pobre, desaliñada, que no procura su apariencia ni cuida de sí misma. Otros simplemente te miran y expresan una especie de lástima. Estaré muy agradecida con un nuevo par de zapatos.

Mientras compramos, escogemos blusas, pantalones o faldas de los percheros para evaluar si podrían ajustarse a nuestros cuerpos tan cambiados por la detención, y una mujer se apresura hacia nosotras con tres pequeñas bolsas de regalo en la mano. José le había contado un poco sobre nuestra historia mientras estábamos en la tienda, y se conmovió a tal punto que se apresuró a elegir algunos artículos para nosotras del mostrador de cosméticos de Sephora. Nos entrega las bolsas con ambas manos, confesándonos que su padre había sido oficial de Aduanas y Patrulla Fronteriza. Me impresiona la ironía, pero me conmueve su gesto y le doy las gracias una y otra vez.

«Lamento mucho lo que están viviendo», dice, y siento que sus palabras son honestas. Es la primera persona en ofrecerme una disculpa semejante, pero no será la última. En los próximos días, muchas personas me dirán que lamentan lo que su país está haciendo con los migrantes. Algunos incluso me pedirán perdón, como si yo fuera algún sacerdote con el poder de otorgar la absolución divina para eliminar los pecados de la gente. Cada una elegimos algunas prendas y un par de zapatos, y vamos con José al cajero. Yo escogí unos pantalones azules y unos tenis negros Nike. Me siento agradecida, pero también nerviosa; todavía no me creo que alguien haya dado tanto sin la expectativa de recibir algo a cambio. ¿Está seguro José de que no tendré que pagar la fianza de doce mil dólares o lo que haya costado esta ropa de marca? De camino a esta tienda, nos prestó su teléfono celular para llamar a quien quisiéramos, incluso a familiares en nuestros países. Contacté a mi hermana Elvira, que no podía creer que llamara desde fuera del centro de detención. Me aseguré de que la llamada fuera breve, pero eso no impidió que lloráramos juntas; fue un momento tan especial para nosotras. Mientras reflexiono sobre todo lo que sucede, no puedo imaginar cómo podría compensar tanta generosidad.

José coloca las bolsas de compras en el maletero y conduce hacia un hotel cerca de Phoenix. Allí más voluntarios nos reciben con una cálida bienvenida y nos muestran las habitaciones donde estaremos hospedadas. Nos dicen que podemos tomarnos el tiempo necesario para refrescarnos; más tarde nos esperan para ir a cenar. Por primera vez en meses, me siento libre de bañarme sin que alguien me mire o limite mi tiempo de aseo, sin que la presión del agua o la temperatura cambien por el número de personas que también se bañan o descargan escusados al mismo tiempo. Dejo que mi cuerpo se deslice en el agua tibia que llena la bañera y exhalo profundamente, dejando que el peso de la detención comience a abandonar mi cuerpo. Al mismo tiempo, no puedo disfrutar la experiencia por completo. Me encuentro pensando en las otras mujeres que siguen en Eloy, aún separadas de sus hijos.

Salgo de la bañera y me seco con una toalla blanca y suave como una nube. Mis sentidos se agudizan; percibo todo como si fuera algo nuevo, incluso el objeto más cotidiano me parece maravilloso. Aprecio cosas que antes podía dar por sentadas, o que simplemente nunca noté. Aunque esto ha sido resultado de una dura experiencia que jamás le desearía a nadie, tampoco quiero que estas sensaciones de conciencia y agradecimiento se disipen. Quiero usarla para recordar a las otras mujeres detenidas y a sus familias, a quienes, de alguna manera, también quiero ayudar a ser libres.

Me visto con la ropa nueva y ato los cordones de mis zapatos. Ahora, aunque llevo las cicatrices del trauma conmigo, por fuera me veo como cualquier otra mujer ocupándose de sus asuntos y de su vida. Recojo la llave de la habitación y me dirijo al vestíbulo para reunirme con los demás. Ángeles, la activista casada con un abogado de inmigración local, nos lleva a cenar al restaurante de mariscos de su padre.

Pienso en Lucrecia y en las madres de mi círculo de oración en Eloy mientras comemos un maravilloso plato de suculentos camarones. ¡Cuánto he deseado comer algo tan delicioso! Desearía que todas mis compañeras estuvieran aquí, compartiendo esta inmensa sensación de alivio. Pienso en ellas nuevamente después de la cena, al hundirme en la cama del hotel, que contrasta mucho con la litera de metal y su delgado colchón desgastado en Eloy. ¿Serán las otras madres algún día tan afortunadas como yo?

———

Las madres liberadas antes que yo son conducidas para reunirse con sus hijos en una caravana de conductores voluntarios, pero Immigrant Families Together (Familias Inmigrantes Juntas), la organización que fundaron las madres activistas, decidió que tomaría un vuelo a Nueva York. Hay dos razones por las que se sienten seguros de hacerlo. Primero, porque José estará conmigo y podrá intervenir si hay algún problema. En segundo lugar, José les dijo que quiere recuperar mi pasaporte del centro de detención, lo que significa, si tenemos éxito, que tendré una identificación aceptable para viajar en avión.

A la mañana siguiente de mi liberación, volvemos a Eloy. Mi estómago se contrae ante la mera idea de estar allí a menos de veinticuatro horas de mi liberación, pero José insiste. Me siento en la sala de espera del centro de detención por más de una hora, mientras los oficiales buscan mi pasaporte. Los minutos pasan con tortuosa lentitud. A través de una ventana, veo mujeres que revolotean sus horribles zapatos sin cordones. Me pregunto si estarán por allí aquellas con las que pasé tantas horas conversando y orando. La distancia entre el cautiverio y la libertad es muy corta. Quiero llorar, pero me contengo, hay otras personas sentadas en esta sala. En cambio, inclino la cabeza y rezo, paso esos agonizantes minutos pidiendo a Dios que permanezca con estas mujeres y les dé consuelo y esperanza.

Por fin aparece un oficial y me llama, pidiéndome que firme algunos papeles antes de devolverme mi pasaporte y el de Fernando.

Más tarde esa noche, el 12 de julio de 2018, José y yo llegamos al aeropuerto de Phoenix y abordamos nuestro vuelo a Nueva York junto con un equipo de filmación perteneciente a una estación de televisión neoyorquina. El periodista es el mismo estadounidense que me entrevistó en español a las afueras de Eloy. Parece amable y genuinamente preocupado; en los siguientes días pasaremos mucho tiempo juntos preparando un programa en cuatro partes para la televisión, a lo que accedo porque deseo que más personas sepan lo que están viviendo las madres inmigrantes detenidas y sus hijos.

Es sólo mi segundo viaje en avión y estoy nerviosa, pero mi ansiedad se ve eclipsada por mi deseo de ver a mis hijos y sostenerlos en mis brazos después de habernos separado por ochenta y un días. Ojalá el avión pudiera volar más rápido.

Aterrizamos en la ciudad de Nueva York a primera hora de la mañana del 13 de julio. Estoy cansada, pero me siento tensa por la emoción y la incertidumbre. ¿Quién me espera? ¿Qué sucederá después? ¿Cuánto tiempo pasará antes de que pueda ver a mis hijos? ¿Qué haré cuando los vea? ¿A dónde iremos después? ¿Dónde nos quedaremos? Tengo tantas preguntas y no sé a quién pedir respuestas. Salir de la detención fue difícil, y sucedió gracias a la misericordia y la gracia de Dios. Tendré que contar también con Él para todo lo que está por venir.

José y yo salimos de la terminal hacia una hermosa mañana de verano. Dos mujeres sostienen pancartas que dicen «Bienvenida, Rosayra», escrito con letra grande y alegre. Me abrazan como si fuéramos amigas de toda la vida, se presentan: «Soy Bonnie». «Soy Hannah». «Estamos felices de que estés aquí».

Pero me siento muy extraña. No puedo creer que estas desconocidas me reciban en el aeropuerto a esta hora de la mañana y me apoyen como si fueran mi propia familia. Nunca he experimentado algo así. Entonces, el recuerdo de mi sueño bíblico en Eloy regresa a mí. Dios me había hecho una promesa que ahora se está cumpliendo. La luz en los ojos de estas mujeres es una confirmación de que todo estará bien. De inmediato, con ese recordatorio de Dios, me siento inundada de una paz increíble. Siento que estoy en el lugar y el momento preciso, y que pronto, y por fin, estaré con mis hijos. No sólo eso, sino que tengo la sensación de que estas personas formarán parte de mi futuro y se convertirán en nuestra familia. Hay familias unidas por la sangre, y hay otras que elegimos. Soy muy afortunada de tener ambas.

Nueva York es un lugar ruidoso. Mientras miro a Bonnie y Hannah, pensando en Dios y sus milagros, un policía de tráfico suena el silbato bruscamente y nos grita: «¡Suban! ¡Dense prisa! ¡Es hora de irse!». Un carro grande nos espera y todos, Bonnie, Hannah, José, el reportero, el camarógrafo y yo nos turnamos para treparnos al carro y ocupar un asiento. José presenta a la conductora como Julie, cofundadora de Immigrant Families Together, y a su esposo.

—Ella es la única responsable de todo esto —dice.

No sé qué decir. Me limito a sentarme en silencio detrás de ella.

11

Reunión

Conforme nos dirigimos hacia el oeste por Grand Central Parkway, el perfil de Nueva York comienza a revelarse. Contemplo edificios que sólo he visto en películas: el Chrysler, el Empire State, o como lo llamarán mis hijos, «el edificio ese que King Kong escaló»; One World Trade Center, y muchos otros cuyos nombres desconozco. Todo es enorme, alto e imponente. La luz del verano hace que el vidrio y el metal resplandezcan, brillantes. ¿Encajaré yo aquí?

Julie dice que iremos a desayunar y hablaremos sobre los próximos pasos, pero antes de que pueda estacionar el carro para que salgamos a planificar, su teléfono y el mío comienzan a sonar. Es la trabajadora social de mis hijos en Centros Cayuga, dice que necesitamos llegar lo antes posible, porque es probable que los niños sean liberados hoy. No lo podemos creer. La promesa de café y desayuno se disipa y Julie gira el carro hacia Harlem, donde mis hijos me esperan.

Dejamos el vehículo en un estacionamiento en Park Avenue y la calle 134, y caminamos cuatro cuadras hasta Cayuga. Mi estómago está hecho un lío. ¿Qué pasará en la próxima hora? ¿En los días siguientes? ¿Cómo reconstruiré la vida con mis hijos, después de ochenta y un días de estar separados? Una vez que estemos juntos de nuevo, ¿dónde viviremos? ¿Cuándo podré trabajar? ¿Cuáles serán nuestros próximos pasos? ¿Cómo reconstruiremos nuestras vidas?

A las afueras de Cayuga, un edificio de ladrillo sin más indicadores, una valla metálica de la policía mantiene a raya a una masa de reporteros. El sudor empapa las mangas de algunos, mientras que las reporteras se maquillan antes de aparecer frente a las cámaras. Cuando nos acercamos se tensan y se inclinan sobre la cerca con sus micrófonos, preguntando quiénes somos y cómo nos sentimos. Nos hacen preguntas en español y en inglés. Han acampado aquí, nos dicen, durante horas, transpirando bajo el implacable sol veraniego. Cada cuatro minutos un tren retumba desde una vía elevada ahogando el murmullo de los periodistas, que se molestan, como si el momento y el lugar les pertenecieran. Están ansiosos por filmar reencuentros y liberaciones; quieren transmitir nuestro dolor y alegría a miles de espectadores en sus hogares, a los estadounidenses que intentan comprender la política de tolerancia cero y sus consecuencias. Somos los rostros humanos de esta política y su historia, por lo que nos enfocan con los lentes de cámara más grandes que he visto.

La atención es intensa e incómoda, pero pienso en las madres de Eloy y en la obligación que tengo con ellas. La gente necesita saber qué pasa allí. Hablaré con los medios más tarde. Por ahora, dejo que José me guíe.

Entro en el edificio y digo al guardia de seguridad que soy la madre de dos niños que se encuentran aquí. Le explico que la asistente social me llamó diciendo que debía presentarme. El vigilante me lleva hasta un elevador y presiona el botón del tercer piso. Cuando la puerta se abre, respiro hondo y entro en la oficina. Lo que suceda después, estoy segura, será la voluntad de Dios.

———

La siguiente hora es un recuerdo borroso. El corazón de Cayuga se encuentra en el tercer piso, donde los cubículos de los trabajadores sociales están protegidos por una puerta de vidrio bajo llave. La recepcionista que determina si alguien puede entrar, para luego abrir la puerta, tiene un trabajo para nada envidiable. La oficina está llena, y con toda la atención de la prensa y la cantidad de personas que intentan entrar y salir del edificio, ella debe evaluar y decidir quiénes tienen una razón válida para ingresar y, de ser así, cómo mantenerlos en orden. No hay suficientes sillas para que todos se sienten mientras esperan a sus hijos y los padres abarrotan cada espacio disponible en la sala, parados frente a la copiadora o asomándose sobre los escritorios de los trabajadores sociales, lo que molesta aún más al personal.

Junto conmigo y con José han podido entrar otras personas. Una de ellas es Yeni, la primera madre a la cual Immigrant Families Together pagó su fianza. Sus tres hijos están también en Cayuga, y hoy se reunirá con ellos. Llegaron con nosotros algunos políticos preocupados por la separación familiar y varias de las mujeres que trabajan con Immigrant Families Together; sin embargo, la recepcionista los ahuyenta y afirma que soy la única persona que puede estar presente cuando traigan a mis niños. A todos los demás les dice que esperen afuera o en una sala aparte, donde no podrán ver ni interactuar con los niños que entran o salen de la oficina.

Me llevan a una sala pequeña y me siento allí, sola, a esperar a Yordy y a Fernando. Puede parecer extraño, pero los minutos que pasé allí fueron, quizá, el momento más difícil de toda nuestra separación. Soy consciente de querer que el instante en que entren por la puerta sea especial; deseo que sea algo feliz y positivo, algo que recuerden para siempre después de tanto dolor. Sé que nuestra reunión marcará un «antes» y un «después», y que a partir de allí comenzaremos a tratar de dar sentido a todo lo ocurrido. No tengo nada que darles más que abrazos, besos, palabras y el pequeño dinosaurio de Fernando, ¿será suficiente?

La puerta se abre y una trabajadora social entra. Yordy y Fernando están detrás de ella. ¡Mi corazón! ¡Se ven diferentes! Ambos parecen haber crecido, incluso se ven más robustos. Los envuelvo con mis brazos, les acaricio el pelo, los aparto un poco y los observo con intensidad.

—Los amo —digo—. Les dije que estaríamos juntos de nuevo.

———

Una hora después, Yordy, Fernando y yo salimos de Cayuga. José, los políticos y las mujeres de Immigrant Families Together nos siguen. Sostengo un grueso sobre de papel manila lleno con el papeleo de los niños, y cada uno carga una maleta deportiva llena de ropa. Yordy, que se ha hecho fanático del equipo local de béisbol, lleva una gorra de los Yankees. Los reporteros, que todavía están allí, me ven con los muchachos y apenas pueden contenerse. Extienden sus micrófonos hasta donde pueden por encima de las barricadas policiales, y todos vociferan preguntas simultáneamente.

José se detiene frente a las cámaras y micrófonos y dice algunas frases en inglés; luego me invita a que comparta unas palabras, una pequeña parte de nuestra historia. Les digo a los reporteros que estoy agradecida, abrumada y feliz, y también que no dejo de pensar en todas las mujeres que dejé atrás, las cuales aún no se han reunido con sus hijos. Sé que las madres que continúan en Eloy no pueden escucharme; nunca verán esta entrevista en la televisión. Sin embargo, espero que sepan que no han sido olvidadas. Siempre las tendré presentes y llevaré sus historias conmigo a dondequiera que vaya.

Parece que los reporteros podrían continuar haciéndonos preguntas eternamente, pero la conferencia de prensa por fin termina. Mientras caminamos de regreso al estacionamiento, noto que un hombre joven y apuesto, que camina unos pasos delante de nosotros, sigue volteándose para sonreírnos. «Es uno de nuestros maestros», dice Yordy. La sonrisa del hombre es tan genuina como tierna. Camina unos pasos más y se voltea otra vez, repite el gesto durante dos cuadras más. Finalmente, en la siguiente esquina, se voltea por última vez. Irá hacia la izquierda mientras que nosotros continuaremos todo recto. Cruza los brazos y coloca las manos juntas sobre su corazón.

—Amor —dice—. Nada más que amor.

SEGUNDA
PARTE

12

Una idea descabellada

Rosayra Pablo Cruz. «Es un nombre muy hermoso», pienso para mí misma, aunque apenas tengo tiempo para pensar últimamente. Desde el 25 de junio de 2018, mi vida ha cambiado por completo. Mi teléfono suena con llamadas y con mensajes de texto y de WhatsApp las veinticuatro horas del día. Tan pronto como vacío mi correo de voz, se vuelve a llenar.

Antes del 25 de junio era escritora, editora y traductora, ocupada con mi trabajo y mis tres hijos, de ocho, cuatro y tres años. Pero ahora me he encontrado al otro lado del ciclo de noticias, no como periodista, sino como contenido de prensa. Indignada por la política de separación familiar implementada por la administración de Trump en la frontera entre Estados Unidos y México, me convertí repentinamente en una exitosa recaudadora de fondos y activista; lidero un grupo de base, el cual está integrándose rápidamente en una organización bajo el nombre de Immigrant Families Together (IFT), y en un movimiento que a menudo me confronta con preguntas difíciles sobre lo que quiero hacer con mi propia vida.

La persona con la que estoy más en contacto es José Orochena. Escuché su nombre por primera vez unos días antes en una entrevista en la estación de radio pública de Nueva York. Había dejado a mi esposo, Francisco, en el hospital para una cita y planeaba regresar a casa con nuestra hija menor. Mi teléfono se iluminó con una notificación de Twitter: un grupo de madres, muchas de ellas con bebés colgados del pecho o a la espalda, ocupaban la oficina de inmigración en el centro, una protesta destinada a expresar su indignación ante la política de tolerancia cero que separaba a los padres de sus hijos en la frontera entre Estados Unidos y México.

«¡Vamos!», le dije a nuestra hija de tres años. Cuando llegamos a la oficina de inmigración, sin embargo, la protesta se había dispersado, así que volvimos al carro para irnos a casa. Estuve tentada a cambiar de estación y escuchar algo de música; últimamente las noticias se habían vuelto cada vez más agobiantes, casi insoportables. Como madre, como alguien que pasó largos periodos viviendo y viajando por Latinoamérica, y como esposa de un refugiado, las imágenes y las historias de separación familiar informadas por periodistas desde la frontera tenían un cierto peso que no podía ignorar.

Pero esperaba que pudiéramos escuchar algo sobre la protesta en las noticias del mediodía, así que dejé puesta la estación. La reportera Beth Fertig conversaba con José Orochena, un abogado de Nueva York que hablaba de su cliente, Yeni, una madre detenida en Arizona y cuyos tres hijos se encontraban en Centros Cayuga de Nueva York. «Creo que la única posibilidad de reunir a Yeni González García con sus tres hijos es que salga bajo fianza, venga a Nueva York, recoja a sus hijos y dispute su caso de asilo», explicó. Tan pronto dijo esto, por fin supe cómo responder a la pregunta irresuelta que me había estado atormentando durante días: «¿Qué puedo hacer?». La misma que tantos estadounidenses se han estado haciendo a sí mismos y a los demás desde que nos enteramos de las separaciones forzadas que ocurrían en la frontera.

Rumié mi plan durante toda la tarde mientras preparaba a mi familia para asistir a una vigilia silenciosa en Centros Cayuga, donde los participantes apilaron zapatos de niños y animales de peluche frente al edificio como una forma de protesta. Decidí compartir mi plan con Francisco después de que nuestros hijos se fueran dormir.

—Tengo una idea descabellada —dije cuando terminamos de limpiar la cocina y de acomodar las mochilas de los niños cerca de la puerta para simplificar la preparación para la escuela a la mañana siguiente. Dieciséis años juntos nos han sintonizado bastante bien respecto a las fortalezas y debilidades del otro, y lo mismo pasa con las frases clave que usamos para plantear una idea que no necesariamente podría gustarle al otro.

»Escuché hoy una entrevista en la WNYC —empecé, adentrándome en la conversación—. Y fue realmente interesante.

Este abogado, un tipo llamado José, que está aquí en la ciudad, dice que tiene una cliente que está detenida en Arizona. Sus hijos están aquí, en Cayuga, el mismo lugar adonde fuimos a la vigilia de protesta. Y después dijo algo que me impactó muchísimo, y se me ocurrió esta idea descabellada…

—Oh-oh —dijo Francisco, riéndose—. Siempre tengo que prepararme cuando dices eso. Mi madre me advertía todo el tiempo sobre lo susceptible que soy a tus «ideas descabelladas».

—Escucha —le dije, siguiendo adelante—. Lo que dijo fue esto: la madre podría venir aquí, reunirse con sus hijos y pasar por el procedimiento de asilo en Nueva York, ¡no tiene que permanecer detenida! Sólo tiene que hacer dos cosas: obtener el dinero para la fianza y llegar aquí.

—¿Y…? —preguntó Francisco.

—Bueno —repuse, respirando profundamente—, por supuesto, ella no puede hacer ninguna de esas cosas por sí sola, pero creo que podríamos ayudarla. Recaudemos el dinero y traigámosla aquí. ¡Tenemos suficientes amigos indigandos con esa política; somos una masa crítica! ¡Démosles una manera de hacer algo concreto con su rabia! ¡Invitémoslos a pasar de la teoría a la acción!

Él dejó caer el trapo en el fregadero, se sentó a la mesa y me miró en silencio unos momentos. Treinta y ocho años antes, una tarde a fines de mayo, se había subido a un bote sobrecargado, el *Green Girl*, con destino a Estados Unidos, o La Yuma. El *Green Girl* fue uno de los cientos de botes que salieron de los muelles del puerto cubano de Mariel ese día, y uno de los miles que transportarían al éxodo masivo de cubanos, los que llegarían a ser conocidos como Marielitos, entre mediados de abril y finales de octubre de 1980.

Ese día, el 23 de mayo, observó cómo la costa de su isla se alejaba mientras el motor del bote luchaba para impulsar su carga hacia las aguas más profundas del estrecho de Florida. Surgió inesperadamente la oportunidad de irse, y él se decidió rápidamente. Le dijo a su madre: «Tengo que irme, ahora mismo», y tomó la terrible decisión de dejar atrás a su hijo de nueve meses y a la madre del niño, quien no quiso hacer el viaje. Me imaginé que él rememoraba todo eso en estos momentos, un tsunami de recuerdos dolorosos, mientras contemplaba mi idea descabellada.

El puente marítimo del Mariel, como se llamó a ese periodo en la historia de la migración, fue provocado por una crisis económica en Cuba. Mientras los cubanos buscaban desesperados una solución, diez mil de ellos se abalanzaron sobre la embajada peruana en La Habana en busca de asilo. Fidel Castro, el presidente, anunció que quien quisiera desertar podría hacerlo. Castro y su gobierno los considerarían traidores a su experimento revolucionario, los llamarían «gusanos», y fueron los cubanoamericanos quienes los ayudaron a salir, como ellos mismos habían desertado una generación antes de que Castro llegara al poder. Los cubanoamericanos negociaron con el presidente Jimmy Carter, quien accedió a recibir a los gusanos. En los meses que siguieron, casi ciento veinticinco mil cubanos, incluyendo el que a la larga se convertiría en mi esposo, llegaron a las costas de Estados Unidos.

Ir sentado en un bote durante ciento cuarenta kilómetros bajo el sol abrasador que cae sobre alta mar te deja deshidratado y delirante. Francisco iba apiñado en un bote cuya capacidad estaba más que rebasada, y el miedo se apoderó de él mientras peleaba junto a sus compañeros de viaje por su propio espacio reducido para respirar. Algunos perdieron sus vidas. Ha hablado de ello conmigo sólo unas pocas veces en todos estos años juntos, repasando las historias de horror de quienes cayeron por la borda, personas que no pudieron ser salvadas. Los capitanes de los barcos de refugiados son iguales a los conductores de camiones con migrantes. Simplemente siguen adelante.

———

Cuando desembarcó en Cayo Hueso, Francisco fue clasificado como refugiado y finalmente liberado por inmigración al cuidado de un patrocinador, una familia acomodada de Cambridge, Massachusetts, un extraño golpe de suerte que nadie ha podido explicar jamás. Lo acogieron, lo protegieron y alimentaron hasta que pudo valerse por sí mismo. Fue particularmente afortunado, porque muchos Marielitos terminaron en centros de procesamiento ad hoc muy similares a las ciudades de las carpas que ahora se utilizan para albergar a los menores no acompañados que llegan de Centroamérica. Se instalaron carpas verdes del ejército en bases militares y sitios de práctica de misiles en desuso, e incluso en el campo de futbol americano de Florida donde se celebra el Orange Bowl. Una vez que comenzó la temporada deportiva, las carpas fueron retiradas del campo y reinstaladas bajo un paso elevado de la interestatal en viles condiciones que un Marielito describió como «la vida en una cámara de tortura acústica».

Un número considerable de Marielitos fueron retenidos durante meses mientras el gobierno de Estados Unidos trataba de averiguar cómo lidiar con ellos. Luego se reveló que, junto al éxodo de Marielitos, Castro había enviado un gran contingente de cubanos liberados de las cárceles e instituciones mentales.

Era una historia que Francisco me había contado cientos de veces, y cada vez que la escuchaba sentía una inmensa gratitud por la familia que lo acogió. Los relatos de ese capítulo de su vida se han vuelto parte de nuestra tradición familiar compartida, como aquel sobre la ocasión en que la familia le preguntó cómo decían «*cake*» los cubanos.

«*Cake*», dijo, «decimos *cake*».

«No, no, no», dijeron. «¿Cómo se dice *cake*?», negándose a creer que los cubanos usan la misma palabra, *cake,* que los estadounidenses. Ahora, cada vez que comemos pastel, decimos: «No, no, no, ¿cómo se dice *cake*?».

Él había perdido contacto con esa familia años antes, pero a menudo fantaseaba con encontrarlos y hacerles saber que había salido bien; sin duda, en gran medida gracias a ellos. Yo soñaba con contarles lo que él había hecho con su vida, y acerca de sus hijos, del increíble padre y compañero que era, y de lo que todavía soñaba por hacer.

Probablemente también pensó en ellos mientras seguíamos en silencio allí sentados.

—Quiero llamar a José Orochena el lunes y contarle mi plan, ver si está interesado —dije finalmente—. Pero antes necesito saber: ¿estás de acuerdo? Porque esto es un compromiso, y una vez que lo hagamos, no podeemos dar marcha atrás.

—Estoy de acuerdo —dijo—. ¿Cómo podría no estarlo?

Ese fin de semana, Francisco, nuestros hijos y algunos amigos y yo organizamos una colecta de donaciones para los centros de acogida en el área de Nueva York, los que recibían a los niños separados de sus padres en la frontera. Fue un evento que ya habíamos planeado antes de que yo escuchara la entrevista de radio con José, y vimos asombrados cómo se llenaba de donaciones la sala de nuestra amiga María, con todo lo que se pueda imaginar que los niños desearían y necesitarían: juguetes y peluches, libros y crayones, ropa y zapatos, pañales y toallitas y mucho más, incluso bañeras para bebés, carriolas y sillas de carro. En un par de horas ya no podíamos caminar cómodamente por la habitación, y alguien tuvo que abrir un camino para poder llegar a la cocina y el baño.

Habíamos anunciado la campaña en Facebook, compartiendo la solicitud de donaciones principalmente entre amigos. Pero de alguna manera, incluso madres de Nueva Jersey habían oído hablar del evento; cargaron al máximo dos carros con artículos nuevos y llegaron desde los suburbios. Nuestros niños vendieron agua fresca y limonada en la acera: les decían a los transeúntes que sus ganancias ayudarían a las familias separadas en la frontera, y pronto estaban aceptando donaciones de diez y veinte dólares de personas que ni siquiera querían un vaso. «Guarden el dinero», dijeron. «Están haciendo un buen trabajo».

Mientras tanto, los adultos clasificaban las donaciones en montones, y llamé para alquilar un camión con el que pudiéramos mover todo una vez que fuera embalado nuevamente. Los niños recaudaron suficiente dinero para pagar el alquiler, y lo llenamos. Un grupo de nosotros fuimos en caravana con el camión y nuestros carros a llevar la entrega a la iglesia Riverside, donde más voluntarios ordenarían los artículos nuevamente y los asignarían a centros de acogida específicos. Miraba la aguja de la iglesia elevándose hacia el cielo azul, y no pude evitar pensar en las generaciones de activistas que vinieron a este espacio sagrado antes que nosotros, incluyendo especialmente el doctor Martin Luther King, Jr., quien ofreció aquí su provocador discurso «Más allá de Vietnam» en 1967.

Pensé en al menos una docena de frases de ese discurso que valían para aquellos de nosotros que movíamos los artículos del camión a la iglesia. Me tomé un momento para entrar en el vasto santuario con su alto techo abovedado y miré el púlpito, deseando haber estado presente cuando el doctor King entonó: «Algunos de nosotros que ya hemos comenzado a romper el silencio de la noche hemos descubierto que el llamado a hablar a menudo es una vocación de agonía, pero debemos hablar... Porque estamos profundamente en la necesidad de una nueva manera más allá de la oscuridad que parece tan cerca y que nos rodea». Y continuó: «Una verdadera revolución de valores de pronto nos hará cuestionar la imparcialidad y la justicia de muchas de nuestras políticas pasadas y presentes». Imaginaba su espalda enderezándose y el fortalecimiento de su voz a medida que avanzaba hacia su conmovedora conclusión con las palabras: «Sobre los huesos blanqueados y los residuos mezclados de numerosas civilizaciones se escriben las palabras patéticas: "Demasiado tarde". Hay un libro invisible de la vida que registra fielmente nuestra vigilancia o nuestra negligencia».

Salí del santuario y volví al vestíbulo, donde la gente se movía de un lado a otro como una línea de trabajadoras hormigas, laborando en colaboración mutua, cada una en su propio papel. Cuando dejamos nuestras donaciones, la sala donde los voluntarios de la iglesia recibían artículos ya estaba llena de pared a pared y de piso a techo con artículos similares. Había carros, camiones y camionetas de carga estacionados en doble y triple fila frente a la iglesia, lo que significaba una bonanza para los policías de tránsito, ya que tanto donantes como voluntarios formaron brigadas en línea para trasladar donaciones a la iglesia. En el interior, aún más voluntarios prepararon cajas y bolsas y las llevaron de vuelta a la acera, donde fueron recogidas por conductores que las entregarían a los centros de acogida.

La respuesta a nuestra campaña de donaciones y el gran volumen de voluntarios que iban y venían a la iglesia Riverside reforzaron mi idea más que cualquier cosa que hubiera intentado en toda mi vida. Claramente, la separación familiar era un tema apremiante, y las personas querían involucrarse, hacer todo lo posible para expresar su disenso y extender su apoyo a las familias afectadas por la política de tolerancia cero. La oleada de apoyo me convenció. Estaba segura de que podríamos recaudar suficiente dinero para sacar a Yeni González García de la detención en Arizona y reunirla con sus hijos en Nueva York.

———

El lunes 25 de junio, desperté y busqué en Google a José Orochena. Resultó que era un abogado de infracciones vehiculares por intoxicación, no de inmigración, aunque ya había comenzado su curso intensivo en esa especialidad. La familia de Yeni en Carolina del Norte lo introdujo en el desastre de la separación familiar. Al enterarse de que sus sobrinos y sobrina habían sido separados de Yeni en la frontera, entraron en acción y buscaron en internet a un abogado de habla hispana cerca de Centros Cayuga. José fue el primer resultado que apareció en línea, así que lo llamaron.

Yo lo llamé, y me sorprendió que contestara al primer timbrazo.

—Hola, mi nombre es Julie Schwietert Collazo, y lo escuché en WNYC la semana pasada, hablando sobre su cliente, la de Arizona. —Le compartí mi idea descabellada, y concluí preguntándole—: ¿Esto es algo que les podría interesar a usted y a su cliente?

Se echó a reír.

—¿Que si nos interesa a mí y a mi cliente? —repitió, todavía riéndose—. ¡CLARO que estamos interesados! ¡Esto es lo que necesitábamos!

Señaló que la familia de Yeni podía reunir parte del dinero para la fianza, pero ciertamente no todo, aunque ni él sabía aún cuál sería el total. Le dije que quería seguir adelante y comenzar la recaudación de fondos si a él le parecía bien.

Al final de la conversación le expliqué que yo era una extrabajadora social, por lo que quería asegurarle a él y a su cliente que este no era un proyecto samaritano con el fin de que los donantes o yo sintiéramos que merecíamos una medalla o una palmada en la espalda. Le dije que estábamos en esto a largo plazo: no pagaríamos la fianza y la llevaríamos a Nueva York, para luego decirle: «Adiós y buena suerte». No. Entendimos, incluso en ese momento tan prematuro, que para que esa familia tenga una oportunidad de luchar, tendríamos que brindar apoyo continuo, financiero y de cualquier índole. Debíamos convertirnos y encarnar la idea de la «comunidad amada» tal como la expresó el doctor King. José agradeció mi llamada y dijo que se comunicaría tan pronto como supiera el monto de la fianza.

Esa noche lancé la primera campaña en GoFundMe, llamándola Team Yeni (Equipo Yeni). Hice una publicación al respecto en Facebook y dejé el estado en modo «público». A la mañana siguiente, José llamó para decir que la fianza de Yeni fue fijada en siete mil quinientos dólares. En veinticuatro horas habíamos recaudado esa cantidad… ¡y más! Mucho más. Las donaciones seguían llegando. En tan sólo dos días, más de doscientos cincuenta personas habían contribuido un total de $17.347, y no había indicios de que aquello cesara pronto. Como las personas afligidas por la separación familiar seguían apoyando la campaña GoFundMe y contándoles a otras personas al respecto en redes sociales, hice dos cosas: llamé a José para decirle que estábamos listos para pagar la fianza de Yeni, y luego comencé a organizar a los voluntarios que se habían materializado de la nada. Escuché lo que tenían para ofrecer y los puse a trabajar.

Sara Farrington, una de las madres de Nueva Jersey que había llevado un montón de donaciones a Queens, estaba ansiosa por dar un paso más allá con su voluntariado. Se sentía bien con los artículos que había recaudado, pero quería hacer más, mucho más. Un grupo de madres en su comunidad estaban listas para recibir a cualquier otra que necesitara vivienda, dijo. Pero quizá lo más importante, Sara, que trabajaba para una megacorporación de día y escribía obras de teatro por la noche mientras cuidaba a sus dos hijos pequeños, tenía una red de amigos en el mundo del teatro que pensaba que podrían ser de ayuda.

Una de ellas era Meghan Finn, la productora y codirectora artística de la sala de espectáculos *Off-Broadway* The Tank. Meghan, que hacía un año que ocupaba esta posición, el trabajo de sus sueños, consiguió mantener el teatro en funcionamiento sin problemas y al mismo tiempo desempeñar el papel vital de «Torre de control», como luego la llamaríamos. En cuestión de pocas horas, trazó una ruta para el viaje por carretera de Yeni a través de Estados Unidos: identificó conductores y anfitriones confiables y coordinó un complejo traslado con recursos limitados… bueno, en realidad no tanto. Al igual que Sara, era madre de dos niños pequeños. Rápidamente se convirtió en nuestra voluntaria más esencial, cumpliendo con su exigente trabajo a tiempo completo y siendo una madre increíble y atenta con sus propios hijos, aunque se quedaba hasta altas horas de la noche coordinando las operaciones de IFT.

José estaba asombrado. No sólo habíamos conseguido la fianza de Yeni muy rápido; también teníamos lo que parecía ser un plan increíblemente bien coordinado para llevarla con seguridad a través del país y de regreso con sus hijos. «¡Qué mujeres tan tremendas y locas!», nos dijo con admiración. En ese momento no sabía cuán locas, tremendas o capaces éramos realmente.

Nosotras tampoco.

———

José y yo nutrimos nuestra relación de trabajo mediante mensajes de texto. El abogado de conductores intoxicados convertido en defensor de la inmigración era padre de niños pequeños, y las llamadas del centro de detención tocaron su instinto paternal. Trabajaba solo, pero estaba tomando más y más casos, la mayoría de ellos pro bono. Sabía que probablemente no era una decisión de negocios inteligente, pero asumió tantos casos como pudo y acumuló algunas millas de viajero frecuente trasladándose entre Nueva York y Phoenix.

Pagué la fianza de Yeni el 28 de junio, y fue liberada ese mismo día. La torre de control, Finn, alertó a la caravana de conductores, monitoreó el avance de Yeni a cada kilómetro del viaje y mantuvo a nuestro creciente equipo central de voluntarios al tanto de su llegada aproximada a Nueva York. En el camino, Yeni conoció lo mejor de Estados Unidos. Entre sus conductores estaban voluntarios del movimiento de santuarios, un rabino y un padre profundamente afectado por la política de separación familiar, y nada menos que un padre inmigrante. Pusieron sus propias vidas en espera y condujeron a lo largo del día, cada tramo del viaje acercándola más a sus hijos.

Por la noche, más voluntarios dieron la bienvenida a Yeni a sus hogares, la alimentaron y le mostraron hospitalidad, con la esperanza de que tuviese algún efecto en sanar el daño que las políticas de la administración Trump le habían causado a ella y a sus hijos. Algunos buscaron en internet recetas guatemaltecas y prepararon comidas que quizá la reconfortaran. Su estómago tenía dificultades con el alimento después de la detención, pero agradecía la consideración. La mayoría de los voluntarios no hablaban español, pero hicieron lo mejor que pudieron, comunicándose por medio de Google Translate.

Los camarógrafos de *TIME* la siguieron durante gran parte del viaje, y cuando Yeni llegó a Newark, la cobertura mediática se hizo más intensa. Un periodista y fotógrafo del *New York Times* se unió a Yeni en el carro después de que el senador Cory Booker la ayudara a pasar su equipaje de un carro a otro para la última etapa del viaje.

Mientras tanto, en Nueva York la emoción aumentaba, con dos grupos de seguidores esperando para darle la bienvenida. Uno aguardaba en el lado sur de Central Park, y entre ellos estaba la entonces defensora pública Letitia James, quien se convertiría en la fiscal general del estado de Nueva York. El otro grupo de recepción estaba en Courthouse Square en Long Island City, un vecindario de Queens que ha sido llamado el condado con mayor diversidad cultural de Estados Unidos. Ese hecho ciertamente se reflejaba en las identidades de quienes se reunieron a la espera de la llegada de Yeni. Además de ciudadanos comunes que se presentaron, estaban un señador, una asambleísta y otros funcionarios electos, así como candidatos que se postulaban para un cargo de elección. Todos denunciaban la política de tolerancia cero; algunos incluso pedían abolir ICE. Los simpatizantes portaban pancartas de bienvenida en varios idiomas. Algunos llevaron flores. Una mujer musulmana se acercó con un brazalete que puso en la muñeca de Yeni. Decía: «Ella pensó que podía, así que lo hizo».

Alrededor de las seis y media de la tarde, el carro de Yeni se detuvo frente al tribunal. La multitud estalló en aplausos y vítores. Meghan Finn y el equipo central de voluntarios se congregaron en WhatsApp y lanzaron un suspiro colectivo de alivio y celebración. Lo habíamos logrado: con la ayuda de miles de donantes y una docena de conductores y anfitriones, liberamos a Yeni de la detención y la llevamos a salvo por todo el país, casi cuatro mil kilómetros, para reunirse con sus hijos.

Pagamos la fianza de Yeni y la llevamos a Nueva York, atrayendo una cantidad absurda de cobertura de prensa en el proceso. Telemundo, TalkPoverty, WNYC, *TIME*, el *New York Times*, CNN... la lista seguía y seguía. No pasaría mucho antes de darme cuenta de que quizá Yeni había sido sobreexpuesta, pero ella y José me aseguraron que quería seguir hablando con los medios; quería garantizar que las madres que permanecían en Eloy y otros centros de detención no fueran olvidadas. Quería comprobar que se alentaría el sentimiento público en apoyo a su liberación y para facilitar la reunificación con sus hijos.

La prensa, por supuesto, generó más donaciones, y la gente a menudo hacía sus contribuciones con notas adjuntas, indicando que habían escuchado sobre nosotros en el programa *Rachel Maddow Show* o NY1, que habían leído sobre nosotros en *USA Today* o *Teen Vogue*. Miles vieron un video sobre Yeni en el sitio web NowThis: fue filmado por una periodista independiente de setenta y cuatro años llamada Sandi Bachom, que había trabajado con sobrevivientes del Holocausto y que cubrió (y resultó herida) la manifestación de supremacistas blancos en Charlottesville, Virginia, un año antes. Sandi sabía cómo transmitir la esencia de la historia respecto de la crisis provocada por la separación familiar, y el video rápidamente se volvió viral, generando cientos de donaciones y mensajes de simpatizantes, muchos de los cuales nos pidieron que expresáramos a Yeni y a su familia que lamentaban lo que Estados Unidos les había hecho.

Cuando Yeni se reunió con sus hijos y se instaló en su vida en

Nueva York, José recibía cada vez más llamadas de Eloy. Tenía una lista creciente de nombres, otras madres separadas de sus hijos bajo la política de tolerancia cero. Al tanto de la liberación de Yeni, lo contactaban con desesperación, preguntándose si también podría ayudarlas. Aunque aquello quizá afectaría su ejercicio profesional y su bienestar financiero, no podía decir que no. A su vez, me contactó y dijo:

—Eres el enemigo público número uno en Eloy porque le has dado esperanza a esas mujeres. —Y luego preguntó—: ¿Puedes hacerlo de nuevo?

———

El día después de que Yeni llegó a Nueva York, José vino a mi casa para una reunión de estrategia con el equipo central de IFT, un grupo que se integró rápidamente al mismo tiempo que construía una amplia red de voluntarios por todo el país, con una población particularmente fuerte en California. Todos éramos padres con trabajos a tiempo completo y otras responsabilidades, pero al igual que José, la política de separación familiar nos conmovió de una manera que no podíamos ignorar. Nos reuníamos porque José tenía a más madres detenidas con ofertas de fianza que quería que consideráramos, y deseábamos planificar el trabajo de los próximos días.

Sentados alrededor de la mesa de mi cocina, José nos presentó una lista de nombres, montos de fianzas y lugares donde las madres debían ir al ser liberadas para reunirse con sus hijos. ¿A cuántas podíamos liberar y ayudar a reunirse con sus familias?

Mientras discutíamos los detalles de las mujeres que lo habían contactado para pedirle ayuda, sonó el teléfono de José. «Esta es una llamada del Centro de Detención Eloy», dijo una voz automatizada. «Presione uno para aceptar la llamada, dos para rechazar». José, por supuesto, presionó «1». Tomó el nombre y la información de la madre en la línea y la agregó a nuestra lista creciente. Él le dijo que fuera fuerte, que haríamos cuanto pudiéramos para liberarla y regresar con sus hijos. Ella lloró y dijo que esperaba que Dios lo bendijera por lo que hacía. La llamada se desconectó y José se frotó los ojos cansados antes de despedirse. No había visto mucho a sus propios hijos últimamente, y quería llegar a casa para poder arroparlos.

———

Después de que José se haya ido, el equipo central discutió la llegada de Yeni: lo que habíamos hecho bien, lo que habíamos aprendido y lo que, en retrospectiva, deseábamos haber hecho de manera diferente. Por un lado, reconocimos que queríamos ser más decididos en nuestra colaboración con los medios. No habíamos anticipado tanta atención mediática, y era claro que la avalancha de solicitudes para entrevistas y conferencias de prensa había sido estresante para Yeni, aunque reafirmara que quería hablar con los medios para llamar la atención sobre la política de separación familiar y lo que estaba sucediendo en Eloy.

Además de la política de separación familiar, quería llamar la atención sobre las condiciones al interior del centro de detención, condiciones que, sospechábamos cada vez más, no eran exclusivas de Eloy. La compañera de celda de Yeni, Irma, era una madre cuya fianza pagamos en cuestión de semanas. Estando detenida, confirmó Yeni, Irma estuvo gravemente enferma. No podía retener la comida, de hecho le resultaba difícil comer, y vomitaba sangre. Había estado en la enfermería varias veces, dijo Yeni, y describió sus síntomas a los oficiales, pero la enviaban cada vez de regreso a su celda con el mismo inútil consejo: bebe más agua y toma ibuprofeno. Yeni recordó que Irma lucía enferma y que su condición empeoró durante el periodo de su detención, pero los encargados nunca parecieron dispuestos a intervenir.

Cuando Irma fue liberada el 17 de julio de 2018, se reunió con sus dos hijos, que habían sido liberados del cuidado de acogida y se encontraban bajo la custodia de su hermana, que vivía en California. Unos días después, Irma se presentó en la sala de emergencias del hospital local. Sus síntomas eran severos, incluso más agudos que en Eloy; ahora no podía comer nada en absoluto. El diagnóstico fue peor de lo que todos temíamos: tenía un cáncer de esófago que avanzaba rápidamente. Los médicos predijeron que tenía cinco años, como máximo, de vida.

Un especialista opinaría finalmente que ICE había sido negligente en diagnosticar y tratar a Irma, cuyos síntomas excedían la estimación del médico. Después de una breve pero cruel batalla contra el agresivo cáncer, falleció en su casa en California el 7 de septiembre de 2019. Según sus deseos, su cuerpo fue enviado de regreso a Guatemala para su entierro.

En ese momento, uno de los requisitos para los padres que querían recuperar la custodia de sus hijos era demostrar que tenían ingresos. Era un criterio ridículo, un dilema sin solución, ya que a esos padres no se les permitía trabajar. Francisco y yo fuimos a una reunión en Centros Cayuga con una copia impresa que mostraba cuánto habíamos recaudado para Yeni a través de GoFundMe.

—¿Treinta mil dólares serían suficientes ingresos? —le pregunté a la directora de servicios sociales y al abogado principal de la agencia. La directora de servicios sociales dijo que pensaba que los treinta mil eran suficientes, y admitió que realmente no sabían si había incluso una cifra mínima que los padres debían acreditar para demostrar que sus ingresos eran adecuados.

—La política parece cambiar cada día —dijo con voz cansada—. Llegamos a trabajar, y a diario hay nuevas directivas. Sólo intentamos mantenernos al día.

La tarde del 3 de julio, nuestro equipo principal tuvo una llamada telefónica de planificación. Durante la llamada, Meghan Finn puso una idea ambiciosa sobre la mesa: ¿por qué no aprovechar la ocasión del Día de la Independencia para recaudar una cantidad absurda de dinero en veinticuatro horas? ¿Cuánto dinero exactamente?, pregunté. Cuarenta mil dólares, dijo, lo que nos permitiría pagar las fianzas de varias mamás. ¡Día de la Independencia, sin duda alguna!

Tragué hondo. Esto se hacía cada vez más grande y me ponía

un poco ansiosa, pero no perderíamos nada en intentarlo. En una hora, otro voluntario tenía listas las páginas de GoFundMe para las nuevas fianzas que José nos había pasado, y comenzamos a promover la campaña del Día de la Independencia.

Me sorprendió tanto como a cualquiera ver que recaudamos treinta mil dólares de nuestra meta en sólo doce horas. Incluso mi propio padre, un republicano de toda la vida y exmiembro de la Asociación Nacional del Rifle, donó una gran suma a nuestra causa. También hubo otras sorpresas. Me di cuenta de que amigos y conocidos conservadores habían compartido los enlaces de Go-FundMe. La indignación y el asco en torno a la política de toleran-cia cero de la administración Trump y la práctica de la separación familiar eran claramente una exageración para el partido. Incluso quienes se consideraban desinteresados o no afectados por los te-mas y las políticas de inmigración estaban horrorizados ante las imágenes de niños en jaulas y solicitantes de asilo acurrucados de-bajo de delgadas sábanas de Mylar. Se había cruzado un límite que debía ser inquebrantable. Podría estarse en contra de la migración, y aun así sentir muy dentro que separar a los padres de sus hijos es-taba indiscutible y moralmente mal, en particular cuando se hacía de manera tan desorganizada e inhumana.

A medida que circulaban informes sobre las condiciones en que padres y niños eran separados, y las condiciones de su re-clusión, algunas personas plantearon las siguientes preguntas: ¿nos dirigíamos hacia una versión del siglo XXI del Holocausto? Si no actuábamos con rapidez y denunciábamos lo que ocurría, ¿seríamos cómplices? Los comentarios en internet enviados junto con las donaciones parecían indicar que creían que la respuesta a ambas preguntas era un sí rotundo.

La recaudación de fondos del Día de la Independencia tuvo tanto éxito que nos permitió pagar las fianzas de nuestras segunda y tercera madre, Juana y Amalia, detenidas en Eloy. Ahora eran libres las madres y se dirigían a reunirse con sus hijos y familias. La torre de control, Finn, dirigió dos equipos de conductores voluntarios que trazaron dos rutas distintas, una en dirección norte hacia Nueva York y la otra al sur hacia Florida. En Nueva York, equipos de televisión de CNN en Español y la serie *Frontline* de PBS esperaban a Juana, y la cobertura de su historia atrajo atención aún más urgente a la política de tolerancia cero y sus efectos nocivos. En Florida, los voluntarios ya estaban organizados para brindarle a Amalia un apoyo a gran escala, incluso conectándola con asesores legales y proveedores de servicios sociales que podrían ayudarla con otras necesidades. (Amalia y sus dos hijos se convirtieron en la primera familia apoyada por IFT en obtener asilo legal en Estados Unidos, en abril de 2019).

¿Qué habíamos creado? No éramos un grupo formal y no teníamos una estrategia en particular. ¿Qué seríamos capaces de lograr si realmente nos organizábamos? Estaba emocionada, pero también asustada ante las posibilidades. Como extrabajadora social, había dejado el mundo sin fines de lucro hacía quince años, desilusionada ante sus limitaciones, en especial la burocracia y el desperdicio innecesario, y el hecho de que a los trabajadores sociales cualificados rara vez se les permitiese hacer su mejor trabajo debido a estos obstáculos. No me apetecía volver al mundo del servicio social para enfrentar esos dilemas nuevamente. Además, no estaba buscando un nuevo trabajo. Estaba satisfecha con lo que ahora hacía, por no hablar de que tenía que criar a mis tres hijos. ¿Realmente quería ampliar la escala de este sencillo esfuerzo de base, como me animaban a hacer varias personas y posibles financiadores?

Sin embargo, no hubo tiempo para reflexionar a fondo sobre esas preguntas, y Meghan ni siquiera pudo recuperarse de su misión especial porque el 11 de julio estábamos planeando pagar las fianzas de tres madres más: Floridalma, Lilian y Rosayra, cada una de las cuales se dirigiría a un estado diferente.

En español hay un dicho que siempre me ha encantado: «Aprendí caminando». Sirve para describir bastante bien a IFT. Estábamos aprendiendo a medida que avanzábamos, sencillamente aprendiendo haciendo el trabajo. El dinero seguía llegando, y continuábamos pagando fianzas, reuniendo a las madres y construyendo redes de apoyo a su alrededor para que pudieran tener la mayor oportunidad posible de hacerse una vida segura y estable con sus familias mientras defendían sus solicitudes de asilo, independientemente del resultado emitido por un juez de inmigración.

———

La primera vez que supe de Rosayra fue por un mensaje de texto de José que me envió la mañana del 9 de julio. Incluía tres fotos: cada una era una página de registro del «Localizador de detenidos en línea» del sitio web de ICE, y cada página contenía el nombre de una mujer, su país de nacimiento, su número de extranjero y el nombre del centro de detención donde estaba actualmente en custodia. Cada página tenía también notas adicionales garabateadas por José, como dónde estaban los hijos de la mujer en cuidado de acogida, si tenía a otros familiares en Estados Unidos, información de contacto de cualquier miembro de su familia y detalles acerca de cómo y cuándo las madres habían sido separadas de sus niños.

Destacaba una anotación manuscrita adicional en cada página de registro porque había sido marcada con un marcador anaranjado: el importe de la fianza para cada madre. La de Lilian se estableció en veinticinco mil dólares. Era la más cara que habíamos visto hasta ahora. La de Floridalma era de diez mil dólares y la de Rosayra de doce mil.

«¿Hay alguna posibilidad de liberarlas el jueves?», escribió José. Se dirigía de regreso a Arizona y quería estar presente cuando las tres fueran liberadas. Se había relacionado rápidamente con los medios y estaba tan abierto a las solicitudes de prensa como a las súplicas de las madres para que las representara. En Nueva York había negociado apariciones con Yeni en *Cuomo Prime Time* de CNN, entre otros medios. En Arizona, había organizado su propia conferencia de prensa afuera de Eloy, y quería aprovechar las liberaciones múltiples para impulsar realmente el tema de la separación familiar en los informativos.

«Sí», le dije, «podemos pagar las fianzas el jueves, o quizás antes». Me dirigí al banco para que me hicieran tres cheques de caja, uno por cada fianza. «Cuarenta y siete mil dólares», pensé.

«Esto es lo que el gobierno de Estados Unidos ha decidido que valen estas tres vidas».

Cuando la cajera del banco sacó los cheques de la impresora, le dije que acababa de desempeñar un pequeño pero importante papel para garantizar que tres madres separadas de sus hijos en la frontera fueran liberadas y se reunieran con ellos. Se cubrió la boca con la mano y luego sonrió. «¿En serio?», preguntó, y agregó que seguía de cerca las noticias sobre el tema. Estaba perpleja y enojada ante una política tan cruel, dijo, y me pidió que diera sus mejores deseos a las madres.

Metí los cuarenta y siete mil dólares en cheques en mi bolsa. Nunca había sido responsable de tanto dinero en mi vida, y seguí mirando por encima del hombro mientras caminaba hacia el sur por Broadway hasta 26 Federal Plaza, el edificio donde se encuentran la oficina de inmigración, los tribunales migratorios y la oficina de fianzas de Nueva York. ¿Alguien sabía que llevaba miles de dólares en la bolsa? Tenía claro que no, pero aun así me sentía una mujer marcada. Un fuerte viento soplaba en Broadway, y aunque los cheques estaban seguros debajo de los libros y la laptop que llevaba en el bolso, me preocupaba que pudieran irse volando, girando en el aire hasta donde desemboca el río Hudson en el océano Atlántico, justo a los pies de la Estatua de la Libertad.

Sólo un poco antes, el mismo día que recaudábamos el dinero para estas fianzas, una activista llamada Patricia Okoumou subió a la Estatua de la Libertad en protesta por la política de separación familiar. Su acción atrajo una enorme atención, y pensé: «Esto es lo que hará falta: una masa crítica de nosotros dispuestos a hacer cosas pequeñas y grandes para repudiar la tolerancia cero». Sentí afinidad con Okoumou, y con el creciente número de activistas que conocía por mi trabajo con IFT. Con cada día que pasaba, descubría que mi deseo de concentrarme en mi trabajo de edición iba disminuyendo. Me sentaba a atender llamadas en conferencia, escuchando a los clientes hablar sobre sus *blogs* corporativos y sus estrategias de comunicación, y quería interrumpirlos para decir: «¿No saben lo que les pasa a las familias en la frontera? ¡A nadie le importa cuántas veces a la semana publicas en tu blog corporativo!». El trabajo de reunir familias separadas consumía cada vez más de mis horas de vigilia, y no quedaban muchas para dormir.

————

Llegué a 26 Federal Plaza y fui conducida a lo largo de seguridad, un puesto de control similar al de un aeropuerto, con máquinas de rayos X para las bolsas, detectores de metales para los cuerpos y agentes siempre al límite, esperando lo peor de sus semejantes. En el interior, advierto las caras sonrientes y confiadas del presidente Trump y el vicepresidente Pence, rebosantes en sus retratos colgados cuando menos a tres metros de altura en la pared. El vestíbulo estaba lleno de actividad ya que solicitantes de asilo, refugiados e inmigrantes a punto de jurar para obtener la ciudadanía estadounidense en la ceremonia semanal de naturalización consultaban el directorio del edificio para ver qué piso y qué oficina correspondían a sus casos particulares. A un lado, unas mujeres habían colocado varias mesas y vendían joyas y carteras, todas de otros países, ostentaba su rótulo.

Me dirigí al conjunto principal de elevadores y presioné el botón del noveno piso. Cuando se abrieron las puertas, entré en la oficina de fianzas y solicité tres formularios. «¿Tres?», respondió el agente, levantando una ceja. «Sí, tres», confirmé. Empujó los formularios por la ranura en la ventana que lo separaba de sus colegas de la sala de espera.

Tomé una tabla y un bolígrafo y me senté a llenarlos. El bolígrafo, un bolígrafo bastante básico, estaba fijado con cinta aislante a una cuchara de plástico amarilla. Escribí el nombre de cada mujer, su país de origen y la dirección donde viviría después de su liberación, así como mi propia información como obligada responsable o persona que paga la fianza.

En mis mensajes de texto del 9 de julio con José, no sólo me había enviado la información básica que necesitaba sobre cada mujer para completar los formularios; también intercambiamos mensajes acerca de dónde iba a ir cada mujer y con quién viviría. Floridalma se dirigiría al sur de Georgia, donde su esposo la esperaba con sus hijos, los que le habían sido entregados después de quitárselos a Floridalma en la frontera.

«¿Por qué una ciudad tan pequeña en el "sur profundo"?», me preguntaba. Había vivido en Georgia durante la universidad y jamás oí hablar del pueblo donde viviría Floridalma. Una búsqueda rápida en Google me mostró que no era un lugar amigable con los inmigrantes, pero donde había trabajo, y esa era probablemente la razón por la cual su familia vivía allí. Las plan-

tas procesadoras de pollos atraían a inmigrantes, a tanto los do-
cumentados como los indocumentados, que realizaban el trabajo
en gran medida invisibilizado que los estadounidenses nacidos
en el territorio no quieren hacer: el que pone los alimentos en
nuestras mesas y mantiene el país a flote. Después de leer sobre la
frecuencia de las redadas de ICE en la población, hice una nota
recordatoria para preguntar si la familia quería mudarse a una
ciudad más grande donde, pensé, podrían estar más cerca de servicios y apoyo, y conseguir trabajos donde era menos probable
ser arrastrado de vuelta a la maquinaria de detención a causa de
una inesperada redada de ICE.

Lilian haría un viaje más corto. Su primera parada sería
Texas, donde su hijo Wanner seguía en cuidado de acogida bajo
la custodia de los Servicios Sociales Luteranos en Corpus Christi.
Con la ayuda de una abogada y dos voluntarios, recuperaría al
final la custodia y se establecería cerca de Houston. Su abogada,
Mana Yegani, acabaría siendo una defensora legal esencial en la
lucha contra la tolerancia cero al representar a otra familia apoyada por nuestro grupo, y pagando incluso sus medicamentos y
llevándoles regalos de Navidad cuando se dio cuenta de que no
tenían apoyo local ni calefacción en su frío apartamento.

Sin embargo, de las tres mujeres cuyas fianzas estábamos
pagando ese día, Rosayra era mi mayor preocupación. Aunque
inicialmente planeaba regresar a Chicago, donde había vivido
durante su estancia anterior en Estados Unidos, la persona con la
que pensó que ella y sus hijos podrían vivir decidió que no podía
recibir a la familia después de todo. Esa situación se repetiría una

y otra vez en los próximos meses, ya que ICE se enfocó en patro-
cinadores y familiares de personas que estuvieron detenidas en
un esfuerzo por ver si podían localizar a indocumentados. Asus-
tados, quienes habían prometido ayudar a las madres y a sus hijos
a establecerse en la vida en Estados Unidos retirarían repentinamente su oferta de apoyo, dejando a las familias sin un plan B y
luchando para resolver cómo seguir adelante.

Cuando el obligado llena el papeleo de la fianza, se le exige
que indique dónde vivirá la persona detenida al ser liberada. Los
oficiales toman esa dirección y usan Google Street View y otros
sitios web de bienes raíces para confirmar que la ubicación es
legítima. Rosayra no tenía una dirección, y ICE no la liberaría
sin tener una. José me dijo que utilizara su oficina y su número
de teléfono como su futura información de contacto. Escribí su
dirección en el formulario y luego lo entregué al oficial para su
revisión. Pidió mi identificación y el cheque de la fianza e hizo
una fotocopia de ambos, engrapándolos a los formularios.

Me senté en la congestionada sala de espera, empapelada con
avisos que hacen uso generoso de mayúsculas, negrita y cursiva,
y recurren mucho a la palabra «NO»:

PAGAR UNA FIANZA ES UN PROCESO LARGO.
NO SE ASEPTAN [*sic*] PAGOS DESPUÉS DE LAS 3 PM
NO HAY EXCEPCIONES.
POLÍTICA PARA FIANZAS: PARA FIANZAS
$10,000 O MÁS:
UN (1) CHEQUE DE CAJA CERTIFICADO;

PARA FIANZAS MENORES DE $10,000:
PEDIDOS DE DINERO
(SE ACEPTAN UN LÍMITE DE 10) DEL SERVICIO
POSTAL DE ESTADOS UNIDOS
NO HAY EXCEPCIONES
**NO CELULARES. NO COMIDA. NO BEBIDAS.
NO HAY EXCEPCIONES**

Comencé a darme cuenta del tamaño de lo que habíamos emprendido. Mi plan inicial, la «idea descabellada» que le había presentado a mi esposo el 21 de junio, era recaudar el dinero y pagar la fianza de una madre y llevarla a Nueva York para reunirse con sus hijos. De repente, en cuestión de sólo un par de semanas, habíamos recaudado lo suficiente para liberar a varias madres y estábamos esbozando planes de apoyo para sus vidas posteriores a la liberación. ¿Cómo había escalado tanto y tan rápido? Los días transcurridos desde finales de junio —¡ni siquiera un mes!— habían pasado en un abrir y cerrar de ojos.

Aunque había sido trabajadora social, una profesión cuya base de conocimientos, habilidades y contactos eran ciertamente útiles, la situación de la separación familiar y todo lo que había desencadenado me suponía una enorme lección, y pronto descubrí que ese era el caso incluso de individuos y organizaciones que tenían mucha más experiencia que los voluntarios de IFT. De hecho, los administradores de otras organizaciones respetadas con historias mucho más largas y mayores recursos me llamaban y preguntaban: «¿Cómo lograste hacer esto? ¿Cómo eres tan rápida y efectiva?».

La respuesta sencilla era que estábamos canalizando la indignación y la desesperación de la gente ante la crueldad de la separación familiar y les dábamos una forma de dirigir esos sentimientos para hacer algo concretamente útil. Al final resultó que un grupo de madres enojadas, versadas en el uso de las redes sociales, podían recaudar grandes cantidades de dinero y luego, debido a que no éramos una organización formal con estatutos y juntas directivas, podíamos tomar decisiones y emprender acciones con una velocidad que no es característica o de plano imposible para la mayoría de las organizaciones sin fines de lucro.

También éramos diestras en contar las historias de las madres y sus familias, y explicar cómo los donativos las apoyaban. Esta parte era clave. Las historias les dejaban saber a los donantes que su dinero, cada centavo, iba directamente a las familias que estábamos apoyando. Sin oficina, sin salarios ni costos operativos, podíamos hacer que cada dólar alcanzara para mucho, incluso teniendo en cuenta los montos inflados de las fianzas, que cada vez son más comunes. Cuando los periodistas preguntaban dónde teníamos nuestra sede, yo respondía: «En mi sala». Y no era broma. Se aparecieron para confirmar esto por sí mismos, molestando a mis vecinos, algunos de los cuales comenzaban a quejarse por las frecuentes cámaras de noticias y camionetas de televisión estacionadas afuera de nuestro edificio. Otros se nos acercaban en silencio en el pasillo o en el elevador y nos daban dinero o una tarjeta de regalo para comer. «Lo que estás haciendo es importante», susurraban. «Sigue así».

Los voluntarios de IFT nos coordinábamos mediante

WhatsApp desde nuestros hogares u oficinas o mientras recogíamos a nuestros hijos de la escuela o jugábamos con ellos en el parque o los veíamos soplar burbujas en una fiesta de cumpleaños. Escribíamos mensajes de texto con una mano mientras sosteníamos a un bebé lactante con la otra. Una voluntaria, Sara Nolan, escribió notas de agradecimiento a los donantes de Go-FundMe mientras velaba sus contracciones antes de irse al hospital para parir a su bebé. Otra, Courtney Sullivan, fue a pagar una fianza el mismo día en que debía dar a luz a su segundo hijo. Pedimos favores de viejos amigos y conocidos: «¡Hola! Sé que no hemos hablado en unos años, pero ¿hay alguna posibilidad de que puedas alojar a una madre que acaba de salir de la detención para inmigrantes en tu casa de Phoenix esta noche?», y nos apoyábamos en otros para obtener todo tipo de ayuda. Realizamos llamadas casi nocturnas en una línea gratuita para conferencias que encontramos en internet. Cenamos cereales de desayuno, y nuestros hijos también. En el fondo, siempre había un bebé balbuceando o un niño pequeño pidiendo un refrigerio, y nadie pestañeaba ni se quejaba de que eso nos impidiera hacer cosas. La mayoría estábamos en la misma coyuntura intensa en nuestras vidas: esa fase cuando la multitarea es un hecho, el sueño es esquivo y todo es factible y se hace porque no hay otra opción.

Y la mayoría de nosotros éramos padres. La idea de que otras madres estaban sentadas en celdas, separadas de sus hijos, nos mantenía en movimiento.

El letrero en la oficina de inmigración es acertado: el proceso para pagar una fianza es largo. En el verano de 2018, pasé días enteros de mi vida en el noveno piso de 26 Federal Plaza. Esperar a que se procesaran tres fianzas, en especial cuando el centro de detención se encuentra en otra zona horaria, como es el caso de Eloy, significa un día completo en la oficina.

Mientras esperaba a que se procesaran las fianzas de Floridalma, Lilian y Rosayra, le envié un mensaje de texto a José. «¿Rosayra y sus hijos necesitan un lugar donde vivir?», pregunté. «Sí», respondió. Con tiempo de sobra para matar antes de que los oficiales me llamaran, firmaran los recibos de las fianzas y me dieran copias, volví a mi teléfono y revisé mis mensajes y contactos. Necesitaba un hogar para una madre y dos hijos… en Nueva York… de inmediato. ¿Quién podía ayudarme?

———

Además de los miles de dólares en donaciones que habían provocado que mi bandeja de entrada se inundara con notificaciones de GoFundMe, recibía docenas y docenas de mensajes todos los días, y a través de todos los medios posibles, de personas que querían ayudar de otras maneras. Estadounidenses desesperados por involucrarse en nuestro esfuerzo de alguna manera encontraban mi número de teléfono, llenando mi correo de voz. Enviaban mensajes de texto y solicitudes de amistad en Facebook, o me etiquetaban en Twitter. «¿Cómo puedo ayudar?», preguntaban. «El dinero no es suficiente. Quiero hacer algo, lo que sea. Dime qué hacer».

Otros mensajes expresaban exactamente lo que la persona

que contactaba tenía para ofrecer. «Puedo conducir de Phoenix a Denver». «Vivo en Greensboro, Carolina del Norte, y estaría encantada de recibir a una madre en mi casa durante la noche si nuestra casa queda en su ruta». «Soy chef y me gustaría cocinar para las familias. Dígame cómo puedo ayudar». «Soy un terapeuta de trauma, y estoy disponible para ofrecer asesoría pro bono». Recibí innumerables ofertas de habitaciones y camas adicionales en ciudades y pueblos de todo Estados Unidos.

Algunos de los mensajes contenían ofertas realmente sorprendentes. «Soy piloto con un avión privado; estaré encantado de llevar a cualquier familia que necesite reunirse hasta a seis horas de distancia de Nueva York». Sin importar cuán modesta o extravagante fuera la oferta, un voluntario, uno de los pocos sin hijos entre nosotros, un actor de veinte años llamado Zoë, los registraba a todos en una hoja de cálculo y los organizó aún más por ubicación geográfica. Aunque nos esforzamos por responder a todos, el volumen de mensajes rápidamente lo hizo imposible. Sin embargo, manteníamos actualizada la hoja de cálculo; nunca sabíamos cuándo podríamos necesitar a alguien en Cincinnati o Des Moines, en Nashville o Tampa. Y, oye, quizás realmente necesitemos ese avión privado en algún momento también.

Al comienzo de Immigrant Families Together, numerosos grupos religiosos nos contactaron también para ofrecernos apoyo. Las sinagogas y sus rabinos destacaban en número, y los de Nueva York estaban especialmente interesados en tender una mano. Poco después del anuncio de la política de tolerancia cero, se movilizaron para activar o formar grupos de trabajo o comités de refugiados, y actuaron rápidamente para denunciar la política, dirigiendo una carta abierta conjunta al entonces fiscal general Jeff Sessions, quien era considerado como su arquitecto, y a la secretaria de Seguridad Nacional Kirstjen Nielsen, cuya agencia estaba a cargo de implementarla.

En la carta, firmada por más de trescientos cincuenta organizaciones judías representantes de los movimientos reformista, reconstruccionista, conservador y ortodoxo, advertían que «apartar a los niños de sus familias… causa traumas innecesarios a padres e hijos, muchos de los cuales ya han sufrido experiencias traumáticas». Advertían que las consecuencias de dicho trauma acumulativo eran graves, y podrían incluir un mayor «riesgo de muerte prematura». Concluían reflexionando sobre su propia historia y principios espirituales: «Nuestra fe judía exige que nos preocupemos por el extraño en medio de nosotros. La historia de nuestro pueblo como "extranjeros" nos recuerda las múltiples dificultades que enfrentan los inmigrantes hoy día, y nos obliga a comprometernos con un sistema migratorio en este país que sea justo y compasivo».

Aunque no hacían una referencia explícita en la carta pública, muchos de los firmantes y miembros de sus organizaciones o sinagogas conversaban en privado entre ellos sobre los alarmantes paralelismos que veían entre las formas en que se aplicaba la política de tolerancia cero y el Holocausto. Cada vez más, los medios también efectuaban dicha comparación. El *Los Angeles*

Times publicó una selección de cartas que recibió de sobrevivientes del Holocausto que describían el dolor perdurable de haber sido separados de sus padres, y expresaban su preocupación por los niños afectados por la tolerancia cero. «"Nunca más" se ha convertido en una promesa vacía», escribió la sobreviviente del Holocausto y escritora Josie Levy Martin.

Uno de los firmantes de la carta pública conjunta era una sinagoga de Brooklyn, Beth Elohim. La congregación reformista tenía produndas raíces firmemente plantadas en varios movimientos de justicia social, en particular aquellos que buscaban combatir el racismo y la xenofobia, y crear espacios y comunidades verdaderamente incluyentes. Su Fuerza de Tarea para Refugiados ya estaba involucrada en la resistencia a la tolerancia cero, y querían hacer más. Tenían algunas ideas concretas sobre cómo podrían ayudar, pero también se acercaron con una pregunta sencilla: «¿Qué necesitas?».

———

Lo que necesitábamos ahora, pensé, mientras el reloj marcaba la cuarta hora en la oficina de fianzas, era un lugar donde vivir para Rosayra, Yordy y Fernando. No tenía que ser un hogar permanente, aunque eso sería increíble. Incluso un hogar temporal funcionaría, siempre que fuera seguro, limpio y exento del pago de alquiler, idealmente. La rabina Rachel Timoner, inspirada por la oportunidad de tomar medidas concretas que tendrían un gran efecto en la vida de una familia, difundió la voz entre los miembros de su congregación, y recibí una llamada de inmediato. ¿Te vendría bien una casa de tres pisos en Park Slope? Entendí cómo debió sentirse José cuando lo llamé por primera vez, y me reí. Parecía una buena idea.

Los propietarios se irían de la ciudad durante el verano, y estarían felices de entregar su hogar a Rosayra y sus hijos. Esperaban que fuera un lugar donde la familia pudiera comenzar a sanar las heridas de verse separados por la fuerza. Podrían mudarse tan pronto Rosayra llegara a Nueva York y tendrían que salir a finales de agosto, cuando los propietarios regresaran. El acuerdo mejoraba aún más por el hecho de que la sinagoga estaba a la vuelta de la esquina y sus congregantes, sobre todo los miembros de la Fuerza de Tarea para Refugiados, harían trabajo voluntario como equipo de apoyo principal para Rosayra y sus hijos, y ayudarían también a recaudar dinero para sus necesidades. Los miembros de la Fuerza de Tarea para Refugiados ayudarían a Rosayra, Yordy y Fernando a instalarse. Les mostrarían el vecindario, les enseñarían a andar con seguridad en el subway y los invitarían a cenar regularmente. Sus hijos podían jugar futbol con Yordy en un campo cercano, o correr entre el aspersor con Fernando en un patio de juegos local. Le envié un mensaje de texto a José para hacerle saber que la familia estaba acomodada: tenían un lugar temporal perfecto y seguro donde vivir, y luego encontraríamos algo a largo plazo.

Cuando presioné «enviar», el oficial me llamó a la ventana y me pidió que firmara cada uno de los tres recibos de las fianzas. Floridalma, Lilian y Rosayra estaban un paso más cerca de su libertad. En cada hoja de trabajo de la fianza, hay una línea donde el obligado puede escribir una nota a la persona detenida. «FUERZA», le escribí a cada mujer, preguntándome si realmente recibirían el mensaje. Tomé el lápiz y toqué la pequeña pantalla digital para agregar mi firma, tres veces por cada recibo. «Tome asiento hasta que volvamos a llamarla», dijo el oficial. La espera ahora es por el tiempo que les toma a los oficiales imprimir los recibos de las fianzas y sellar «ORIGINAL» con tinta azul en la primera página. Cada recibo de fianza consta de tres páginas, a las que se engrapan tres más que enumeran los términos y condiciones.

Mi nombre, mi dirección y mi número de Seguro Social fueron impresos en cada formulario de fianza. Mi firma indicaba que entendía y aceptaba los términos que suponía ser obligada. El principal de ellos es: declaro que estoy «firmemente obligada a cumplir con Estados Unidos [...] y responsabiliarme de que el extranjero no se convierta en un estorbo público». Hasta ahora, cada una de las madres por las que pagamos fianza, y a las que había conocido en persona o hablado por teléfono, querían trabajar, asumir la responsabilidad de procurar a su familia y contribuir a la sociedad de manera significativa, cuando legalmente se les permitiera hacerlo. Mientras tanto, el trabajo de Immigrant Families Together era garantizar que tuvieran todo lo que necesitaban para no convertirse en cargas públicas, y para que pudieran comenzar a reconstruir su vida, con sus hijos a su lado.

13

Reconstruyendo una familia

Cuando Rosayra y sus muchachos salieron de Centros Cayuga hacia la luz del sol, las cámaras de los medios encendieron sus luces más brillantes. Los fotógrafos pusieron sus lentes sobre los hombros de los reporteros que tenían delante y los corresponsales tomaron los micrófonos y los empujaron lo más adelante posible entre la multitud. Sujetando la mano de Fernando, con el papeleo de los niños en sobres manila metidos bajo su otro brazo, Rosayra se detuvo frente a los reporteros y dijo: «Gracias, Nueva York». Entonces, incluso si pensaba que nunca escucharían sus palabras, ofreció comentarios dirigidos específicamente a otras madres detenidas. «Pido a todas las madres que no pierdan la esperanza. Que mantengan la Fe. Hay buenas personas, personas con gran corazón».

Yordy y Fernando estaban de pie a su lado, tomados de la mano, un poco aturdidos por la atención que atraían, a pesar de que se habían acostumbrado a ver cámaras de televisión y fotógrafos acampando fuera del centro de acogida. Los periodistas que querían saber más sobre lo que sucedía dentro de las instalaciones, tan protegidas como una fortaleza, con guardias de seguridad y policías, pasaron días afuera de Cayuga, tratando de tomar fotos de los niños separados que eran dejados allí cada mañana por sus familias de acogida y luego recogidos de nuevo por la tarde. En algún momento, la presencia mediática se había vuelto tan intensa que personal de Cayuga les dio a los niños máscaras de animales de papel para cubrir sus rostros, ordenándoles que se las pusieran al entrar o salir de las instalaciones.

En cuanto Rosayra y sus hijos se movieron más allá de las luces de las cámaras, Yordy pareció sentirse lo suficientemente libre como para llorar. Mientras los voluntarios cargaban las bolsas de los niños en el carro, él se paró a un lado, tratando de evitar que la gente lo viera secarse con el puño los gruesos lagrimones que le corrían por sus mejillas. Había tantas emociones que procesar, que se sintió abrumado.

También se sentía extraño. Había esperado no sentir nada más que felicidad al reunirse con su madre después de ochenta y un días, pero en realidad experimentaba una gama de emociones y no podía entender el hecho de que muchas de ellas parecían chocar entre sí. Nadie le había dicho que podría extrañar a Mamá Sobeida, su madre de acogida, o a los otros niños con los que Fernando y él vivían. Realmente no había tenido tiempo suficiente para despedirse de ellos, y lo mismo con el personal de

Centros Cayuga. La noticia dejaba a la agencia como uno de los «malos» en la historia de separación familiar, pero la experiencia de Yordy era completamente positiva, y había formado vínculos con algunos de los maestros y trabajadores. ¿Y la chica que le gustaba? ¿La volvería a ver alguna vez?

Y nadie lo había preparado para el alivio que sentiría al dejar de ser el único responsable de la seguridad y el bienestar de Fernando, aunque las siguientes semanas y meses estarían llenos de momentos tensos mientras luchaba por establecer una nueva identidad como hermano mayor, en lugar de una figura paterna y materna comprimidas en un adolescente vulnerable. Mientras estaba en cuidado de acogida, Yordy envolvía a Fernando con sus brazos por la noche pues dormían juntos en una cama individual, y siempre estuvo atento a las necesidades de Fernando. Renunciar a ese papel y establecerse en la identidad de ser sólo un adolescente sería sorprendentemente difícil. En pocos meses, también tendría que descubrir qué significaba ser un adolescente inmigrante que hablaba poco inglés en una escuela pública de Nueva York.

La transición de Fernando sería también un desafío. Desde el momento en que fue separado de su madre en Arizona, vestido con una sudadera gris y metido en un avión a Nueva York, se había aferrado a Yordy y confiaba en que su hermano mayor fuera su protector y su consuelo. Ahora que su madre había vuelto a desempeñar su papel, Fernando se sentía hipervigilante y lo aterraba perderla de vista. Los otros hijos de Rosayra, tal vez, se habían acostumbrado a vivir sin ella durante largos periodos de tiempo. Pero para Fernando había sido una presencia constante en su vida, y se protegía ante cualquier relación o actividad que pudiera separarlos de nuevo, incluso momentáneamente. Se irritaba con las órdenes y los ultimátums paternales de Yordy, diciéndole que su madre ya había vuelto. Al final, sin embargo, su ajuste sería más fácil que el de Yordy, y también que el de Rosayra. Ella batallaba con sus propios desafíos, incluido cuándo y cómo hacer valer su autoridad. Se sentía culpable por la separación, y la culpa la hacía negarse a regañar o a corregir a Fernando en momentos en que habría necesitado más dirección.

Pasaría un año completo antes de que todos por fin comenzaran a instalarse en papeles naturales, pero incluso entonces habría momentos en que asomara el trauma que habían sufrido, causando tensión.

___

Desde Cayuga, la familia fue llevada a su nuevo hogar temporal en Park Slope, un vecindario tranquilo y exclusivo en Brooklyn. Las calles tenían árboles, había restaurantes y tiendas a menos de una cuadra de distancia, y las calles laterales residenciales estaban tan limpias y tranquilas como podía ser. Los vecinos que paseaban perros o sacaban la basura eran amables y saludaban con la mano o decían hola. A la vuelta de la esquina había un patio de juegos, y se llegaba a la estación de subway más cercana y la biblioteca tras una corta distancia a pie. La familia no podría haber encontrado un lugar más agradable donde vivir si lo hubieran intentado, y en todo caso hubiera estado más allá de sus posibilidades. El alquiler promedio en Brooklyn era de dos mil setecientos dólares al mes.

Un grupo de voluntarios de IFT en Nueva York y un grupo de congregantes de Beth Elohim se reunieron en la casa para una fiesta de bienvenida. El sol de verano inundaba los grandes ventanales de la sala y la cocina, y los organizadores colocaron una gran cantidad de comida en la barra de mármol, invitando a todos a tomar un plato y servirse. Había bayas y uvas frescas, ensalada de pasta y pizza junto a una fuente colmada de ese alimento básico por excelencia en Nueva York: bagels y queso crema.

Rosayra y los muchachos eran como celebridades, recibían apretones de mano y grandes abrazos de oso, además de «¡Felicitaciones!» y «¡Estamos muy contentos de que estén aquí!». Mientras los invitados practicaban su español, un par de miembros de IFT y de la Fuerza de Tarea para Refugiados, la rabina de Beth Elohim y su colega Stephanie Kolin, de la Sinagoga Central de Manhattan, se reunieron conmigo y fuimos a la sala, donde nos extendimos en el piso y nos instamos a soñar en grande. ¿A cuántas madres podríamos liberar? ¿Qué más había que hacer? ¿Cómo podíamos hacer más? ¿A quién podríamos contactar para ampliar y fortalecer la red de apoyo que habíamos tejido apuradamente?

Se celebraba el Mundial de Futbol, y el hijo de la rabina Timoner, Benji, invitó a Yordy a abandonar la fiesta y caminar a otra casa a mitad de cuadra para ver un partido con algunos amigos. Tanto Yordy como Rosayra parecían un tanto inquietos por separarse nuevamente tan pronto, pero la tentación doble del futbol y las golosinas de un día de partido eran demasiado atractivas.

Regresó unas horas más tarde, emocionado por el juego y por sus nuevos amigos, uno de los cuales compartía con él fecha de cumpleaños. Celebrarían juntos unas semanas después.

«Esta es la comunidad amada», pensé mientras miraba alrededor y asimilaba todo, «este grupo de personas que simplemente aparecen, justo donde están, con lo que sea que tengan, diciendo: "¿Cómo puedo ayudar? ¿Cómo puedo actuar para mejorar esto?"». En la fe judía, en el idioma hebreo, hay una palabra que resume lo que sucedía ese día, una palabra que aprendería más tarde, cuando la rabina Kolin ofreció un sermón en Rosh Hashaná. La palabra es *hineini* y significa «Aquí estoy». Me hacía pensar en la letra de una de mis canciones populares favoritas, que conocí mientras crecía en la Iglesia católica. La aprendí a tocar en el piano porque me encantaba:

> *Aquí estoy, Señor, vengo a hacer tu voluntad,*
> *dame tu calor y la fuerza para amar.*
> *Aquí estoy, Señor, dime a dónde caminar…*

Aunque no había entrado en una iglesia como congregante en años, recordé las palabras al instante. Eran una luz de guía.

Hineini. Aquí estoy. Aquí estamos. Eso es realmente de lo que se trata todo esto, sólo de presentarse. Llegar con lo que tenemos, donde estamos. Parece muy sencillo, pero es increíblemente profundo y poderoso. Nosotros somos aquellos que hemos estado esperando. Como explicó la rabina Kolin en su sermón: «El poder de decir la palabra *hineini* es suficiente para cambiar el curso de la historia. Es suficiente para sanar el sufrimiento profundo de una sola persona, o de todo el mundo. Es un legado otorgado por nuestra tradición. Cuando se llama nuestro nombre, somos un pueblo que responde: *Hineini*».

———

Hineini no fue la única palabra o concepto que Rosáyra y yo aprenderíamos de nuestros nuevos amigos en los siguientes meses. Rosayra, que es cristiana evangélica, y yo, la católica no practicante, conocimos también la noción de *tikkun olam*. La rabina Timoner lo explicó sencillamente: *tikkun olam* tiene que ver con reparar el mundo. Y el trabajo de reparar el mundo no es sólo de Dios. Recae en nosotros. Implica actos de bondad amorosa y humanidad, y la realización de acciones prácticas y tangibles que promueven la *tzedaká*, o justicia y rectitud. Estas son las responsabilidades de alguien que entiende y acepta su obligación de ayudar a reparar el mundo.

Los meses de separación fueron difíciles para Rosayra y su familia, tanto para sus hijos aquí en Estados Unidos como para su familia en Guatemala, que sentía tanto miedo por ella y por los niños, como también era incapaz de hacer algo para ayudarlos. Fueron difíciles para quienes nos oponíamos a las políticas y procedimientos migratorios del presidente Trump, difíciles para quienes temíamos la xenofobia en apariencia reinante. Todos estábamos agotados, física y emocionalmente, y sí, espiritualmente también.

¿Dónde estaba Dios o lo divino en ese momento? ¿Dónde

estaba Dios en la frontera, o en los centros de detención? De haberle preguntado, la rabina Kolin probablemente habría sonreído antes de decirme que Dios estaba aquí con nosotros, todo el tiempo. Rosayra también lo habría dicho. «El aluvión de cosas que nos llega de golpe no va a ceder pronto», dijo la rabina Kolin en su sermón de Rosh Hashaná. «Esa es la naturaleza de la vida, y también el momento histórico que vivimos. Pero en nuestras propias manos», continuó, «está la sanación de nuestras almas, de nuestros hogares y de nuestro mundo».

TERCERA

PARTE

14

Temporada agridulce

Nuestro verano en Brooklyn es un capítulo hermoso pero extraño de mi vida que nunca olvidaré. Cuando sueñas con reunirte con tus hijos después de haber sido separada de ellos, esa versión de la reunión está teñida de una luz dorada y todo es hermoso. La mente está ansiosa por atajar cualquier posibilidad de que pueda ser de otra manera. Así que no estoy preparada, esa primera mañana que despertamos en esta hermosa casa prestada en Brooklyn, que nos dieron tan amablemente por un periodo de tiempo, para sentir algo más que felicidad.

Es extraño y me toma por sorpresa, el sentimiento de felicidad mezclado con la nostalgia y la tristeza que me invaden. Estoy con mis hijos. Por fin hemos llegado al país donde creo que estaremos seguros, y donde tendremos una oportunidad justa de solicitar asilo y presentar razones por las cuales debemos permanecer aquí. Ver a los muchachos llegar a la cocina en pijama, con el cabello despeinado y los ojos adormilados, me hace sentir muy agradecida ante el apoyo de tantas personas que hicieron posible este momento. Es una alegría prepararles el desayuno por primera vez en meses.

Y sin embargo, antes de sentarme a comer con ellos, tengo que disculparme un momento e ir a la habitación contigua para secarme los ojos con un pañuelo. Frente a la estufa me invadieron recuerdos de Guatemala, recuerdos de preparar el desayuno para los niños y sus hermanas, todos reunidos para comer en la mesa con mi madre. No quiero que Yordy y Fernando me vean llorar. Quiero que piensen que soy feliz, y nada más. La vida está llena de desafíos y obstáculos, me digo, tratando de hacerme fuerte como para sonreír e ir a sentarme con los niños. Sólo Dios nos dará la fortaleza para seguir adelante.

Cuando terminamos de comer, lavamos los platos y nos damos tiempo para poder hablar sobre nuestras experiencias durante los meses en que estuvimos separados. Esas conversaciones, en las que a menudo nos descubrimos llorando, con frecuencia quedan interrumpidas cuando llega gente a visitarnos. Luego se despiden, dejándonos solos de nuevo, y le digo a Yordy lo orgullosa que estoy de él por asumir tanta responsabilidad por su hermano, por explicarle a Fernando de manera apropiada para su edad por qué estábamos separados, y así lo pudiera entender. Yordy brilla de orgullo, pero también lo veo expresar su frustración. Así como Fernando no quiere separarse de mí (llega corriendo y envuelve mis piernas con sus brazos, diciendo: «¡Te quiero mucho! ¡No quiero que te vayas!»), tampoco quiere estar lejos de Yordy. El hijo de la rabina Timoner y Yordy se están haciendo amigos, y Fernando llora si quieren pasar tiempo como «chicos grandes» sin él. Le ruega a Yordy que vuelva pronto y hace berrinche.

Para ser honesta, no estoy completamente preparada para estas emociones, cada uno de nosotros tiene dificultades gestionando las emociones que no anticipábamos de nuestro encuentro. Todos tenemos miedos y ansiedades. Me resulta difícil al principio lograr que Yordy salga de la casa, incluso si vamos juntos a explorar el barrio. Los voluntarios de la sinagoga son una bendición, Bonnie en especial. Me dan información acerca de la escuela y me ayudan a programar citas médicas para los niños; procuran que todos recibamos terapia, lo que nos ayuda enormemente. Bonnie está muy preocupada por nosotros y nos visita con frecuencia, a menudo con sus hijos, quienes forman un vínculo estrecho con Fernando. Agradezco la paciencia de los niños con Fernando, en particular porque su comportamiento no es el mejor: grita mucho, es exigente y quiere controlar todo en las situaciones de juego. Los hijos de Bonnie son muy complacientes y tiernos con él, como si tuvieran una comprensión intuitiva de que es un niño destrozado que trata de recomponerse.

Un día hacemos un largo viaje en subway desde Brooklyn hasta el Bronx, donde Yordy tiene cita con un cardiólogo. Durante el cuidado de acogida, los médicos descubrieron en un examen médico de rutina que tiene un soplo cardiaco y necesita evaluaciones adicionales. El hospital, dice, está cerca de donde vive Mamá Sobeida, y me pregunta si podemos ir a verla. Digo que sí, a pesar de que más de una vez la ha utilizado para herirme desde que nos reunimos. A veces, cuando le pido alguna cosa o le digo algo que no le parece, dice: «¡Mamá Sobeida no me pediría que hiciera eso!». Siempre sabe cómo exasperarme.

Aun así, sé que este comportamiento es sólo su forma de tratar de dar sentido a lo que le sucedió, a nosotros, y agradezco la oportunidad de conocer y darle las gracias a Mamá Sobeida. Yordy y Fernando me han contado que los cuidó con mucho cariño. Llegamos a su edificio, y Fernando dice: «Es en el quinto piso». Subimos las escaleras hasta el apartamento, y corre hacia su puerta emocionado. Yordy toca el timbre. Mamá Sobeida abre y estalla en llanto. Yo también.

Más tarde nos enteramos de que se supone que no debemos verla; los términos de su acuerdo como madre de acogida le impiden tener contacto con un niño o con la familia biológica una vez que el menor ya no está a su cuidado, pero el encuentro es positivo para todos. Puedo hablar con ella y decirle lo agradecida que estoy por su amabilidad y sus cuidados. Dentro de unos meses, me llamará llorando para decirme que uno de los chicos que vivía con ella cuando tuvo a Yordy y a Fernando murió en un accidente de carro. Lloraré con ella, abrumada por el dolor de pensar que la madre de ese niño debió haber huido de la violencia, como yo, sólo para que su hijo muriera aquí. Parece terriblemente injusto, incluso si es parte del plan de Dios, como creo que debe serlo.

El verano en Nueva York es una época hermosa, y nuestros amigos nos muestran lo mejor de la ciudad. Nos llevan a Sunset Park, donde viven muchos latinos y hay camiones de comida que sirven platillos de todo el continente. Entre citas legales y médicas, nadamos, andamos en bicicleta y vamos a barbacoas y fiestas en los patios. Confiamos lo suficiente para usar el subway, o casi, y lo usamos para explorar Brooklyn y Manhattan, haciendo nuestros propios mapas de la ciudad con cada nueva experiencia y recuerdo.

—————

Agosto llega a su fin. La familia que nos prestó este enorme, hermoso y tranquilo hogar regresará pronto, así que es hora de que nos mudemos. Immigrant Families Together nos ha encontrado un nuevo lugar donde vivir. Después de que Vicky, una mujer del Upper East Side de Manhattan, escuchó a Julie en una entrevista de radio, la rastreó y le hizo saber que quería ayudar. Vicky es divorciada y sus hijos adultos viven solos. Tiene dos apartamentos en el mismo edificio: vive en uno y guarda el otro para las visitas ocasionales de sus hijos o para huéspedes. Unos años antes abrió el apartamento donde viviremos a personas que quedaron sin hogar por un huracán en Louisiana; vivieron allí durante meses. No nos cobrará alquiler, ni nos impone un límite al tiempo que podemos quedarnos. «Ya veremos cómo va», dice.

Pasamos el último fin de semana en Brooklyn empacando nuestras cosas en bolsas y cajas. Tenemos tanto que necesitamos dos carros para movernos de Park Slope a Manhattan. Casi todo lo que hemos adquirido desde julio nos fue donado o regalado. Hay cajas de libros y juguetes, y bolsas y bolsas con zapatos y ropa. Fernando es ahora el dueño de dos balones de fútbol, una bicicleta y no sé cuántos juegos de mesa y rompecabezas. No lo necesitamos todo, pero la gente sigue ofreciendo estos regalos, por lo general con una disculpa avergonzada, pidiendo que los perdonemos por cómo hemos sido tratados. La generosidad es inmensa. A veces es realmente abrumadora.

Nuestro tiempo en Brooklyn ha sido una gran bendición. En el amplio espacio de nuestro hogar temporal, mis hijos y yo pudimos comenzar a sanar y a reconstruir nuestra familia. No ha sido fácil. La separación nos ha dejado a todos con enormes cantidades de desechos emocionales. Somos impacientes, ansiosos e inseguros. No confiamos en nosotros mismos ni en los otros, y no estamos seguros de cómo relacionarnos después de un tiempo tan doloroso apartados. Me pregunto cuánto nos tomará limpiarlo todo, sacudir las telarañas y el polvo acumulado en los rincones de nuestras almas y refregar las escamas crujientes que crecieron para proteger nuestras partes más blandas.

Pese a toda mi gratitud (y no encuentro palabras para expresar mi agradecimiento por este hogar y por la gente increíble de Beth Elohim, personas que, a pesar de tener una religión distinta, se han convertido en parte de nuestra familia), he pasado días intranquilos aquí. Todos han sido tan amables y buenos que es fácil apoyarme en ellos y olvidarme del trabajo que tengo que hacer conmigo misma. Cuando ya no estás detenida, dices: «Ah, déjame llamar a esta persona y pedirle que me ayude». Pero en detención no tienes más que a Dios para ayudarte. Él siempre te dará lo mejor de sí mismo. Una y otra vez tengo que volver a esa idea; cuando estás afuera, en el mundo, hay muchas cosas que pueden impedirte ver y recordar eso.

Cuando salí de la detención, cuando estaba otra vez con mis hijos y vivíamos en Brooklyn, sentía que mi vida espiritual empezaba a apagarse. Intentaba leer la Biblia, pero no acaparaba mi atención como cuando estaba en Eloy. Decía «voy a leer», como si con eso bastara, pero simplemente no podía. Las oraciones que pronunciaba eran las más flojas y simples. Tenía un techo, tenía comida. Pensaba que estaba bien.

Pero el espíritu... el espíritu siempre va a pedir lo que necesita, y el espíritu se alimenta a través de la Palabra. Tenía todo lo que necesitaba y estaba con mis hijos; cuando llegué aquí, seguía pensando: «Oh, ya estoy aquí. Mi lucha terminó». Mi mente decía: «Oye, relájate. Ve a revisar Facebook». Pero mi espíritu reclamaba: «Ve a tu rincón de oración. Ponte a leer la Biblia». Mi espíritu me llevó hacia estas personas de fe judía, que compartieron sus creencias conmigo y me mostraron cuánto tenemos en común.

En poco tiempo, nuestros amigos de Beth Elohim nos han dado mucho de sí mismos y hemos aprendido mucho de ellos acerca de vivir nuestra Fe en la vida cotidiana, de ser el tipo de creyentes de los que leí esos versículos del evangelio de Mateo cuando estaba en Eloy. Me asombran las atenciones y el apoyo que nos han brindado como actos de su propia fe, y es un recordatorio de que no importa a qué iglesia asiste uno, ya sea católica, evangélica o judía; eso es algo en lo que se fija la gente, no Dios. Dios dijo: «Ve y predica. El que comparta mi palabra prosperará». Nuestros amigos de Beth Elohim compartieron su palabra a través de sus obras. Es mi mayor esperanza que Dios los bendiga y continúen prosperando y ayudando a otras personas.

—

Cuando llegamos al nuevo apartamento, un portero vestido con un traje de botones dorados y un sombrero con borde dorado a juego sale del edificio con un carrito. Fernando está impresionado, como debe ser. El portero sube las cajas y bolsas al carrito y nos da la bienvenida, dice que está contento de que estemos aquí. Es como si fuéramos huéspedes de honor en un hotel de lujo, y se le hubiera instruido que nos trate con cortesía excepcional. Dentro de unos meses, por Navidad, se habrá convertido en un componente tan familiar de nuestra vida cotidiana en Nueva York que le dará a Fernando un carro de carreras, uno de sus juguetes favoritos, como regalo. Ahora, sin embargo, es amable pero formal, y nos dice que subamos al piso dieciocho; él llevará el carrito sobrecargado en unos minutos.

Las puertas del elevador se abren y nuestra nueva anfitriona, Vicky, nos saluda y nos lleva a recorrer el apartamento, nuestro nuevo hogar. Está muy alto en el cielo, con muchas ventanas, y las habitaciones están bañadas de luz solar. Una pequeña selva de plantas llena el alféizar de la sala. En la pared hay máscaras que parecen proceder de todas partes del mundo; algunas dan miedo, y Fernando retrocede al verlas. Yordy, Fernando y yo tenemos una habitación para cada quien con su propia cama, y cada una ofrece una vista diferente de la ciudad. Vicky abre las puertas del clóset y nos muestra almohadas y edredones adicionales, en caso de que tengamos frío. Abre otro armario y le enseña a Fernando un tesoro de Legos, y le promete que cuando sus hijos vengan de visita les pedirá que también le muestren su trenecito especial en miniatura.

Luego nos conduce por unas escaleras que conectan con el apartamento donde vive, justo arriba del nuestro. Nos dice que somos bienvenidos a usar su cocina y que podemos venir cuando sea si queremos pasar al balcón, que es largo y abarca dos lados del apartamento, con vistas hacia el sur y el oeste. Al igual que nuestro alféizar, el balcón es una maraña de plantas y tengo una sensación cálida a pesar del hecho de que hay un toque de frío otoñal en el aire, porque siento que Vicky y yo nos convertiremos en buenas amigas.

Después de descargar todo en el nuevo apartamento estamos cansados, pero Vicky pregunta si queremos ir al parque con ella a la mañana siguiente. No habla español y yo no hablo inglés, así que nos comunicamos por medio de Google Translate. Explica que pertenece a un club cuyos miembros salen juntos a buscar hongos, recorriendo los lugares menos visitados de los parques públicos de la ciudad para buscar especies comestibles. ¿Buscar hongos en Nueva York, en esta metrópolis de concreto y rascacielos? Definitivamente estoy intrigada y nos encanta la naturaleza, así que le digo que sí, aceptamos su invitación. Dice que llevará un almuerzo de picnic y pasaremos un gran día.

Esta es la primera de muchas aventuras que disfrutaríamos con Vicky y, cuando vengan de visita, sus hijos, quienes, entre otras cosas, nos enseñarán a patinar sobre hielo, ¡o lo intentarán! El viaje para buscar hongos es más que exitoso: resulta, para gran sorpresa de Vicky y de los miembros del club, que Yordy y Fernando son expertos en encontrarlos. Sólo necesitan una lección rápida para identificar los que son comestibles antes de salir disparados y regresar con una canasta llena de ellos, más de los que encontraron juntos los miembros del club más experimentados. Nos los llevaremos a casa, los limpiaremos ¡y Vicky los convertirá en platos maravillosos, incluido un helado de hongos! El hallazgo de los niños emociona tanto a Vicky y a los miembros del club de hongos que ella les regala por Navidad sus propias membresías.

Nos instalamos en una vida agradable con Vicky, compartiendo entre nosotros los platillos que preparamos así como los acontecimientos de nuestro día a día. Vicky, que se identifica como atea judía, le envía un mensaje de texto a Julie para decirle que aunque no cree en Dios, cree que Dios nos puso en su vida por alguna razón. Yo soy creyente, por supuesto, y siento lo mismo. Dios ha puesto a las personas más increíbles en nuestras vidas, y sin importar cuánto tiempo vivamos con ella, siempre será un miembro importante de nuestra creciente familia por elección.

15

Días de escuela

Nuestro traslado de Brooklyn al Upper East Side de Manhattan presenta también otros cambios, aunque estos no son únicamente por razones geográficas sino de la temporada. Es septiembre, lo que significa que es hora de que Yordy y Fernando comiencen a asistir a la escuela. Vicky, que es profesora universitaria y administradora, nos ayuda a entender el confuso proceso de inscripción, y Fernando es admitido en una maravillosa escuela pública a sólo un par de cuadras del apartamento. La directora misma nos da un recorrido por la escuela y enfatiza su compromiso con nuestra familia. Al final de la reunión, le da a Fernando una bolsa llena de libros.

Mientras tanto, Yordy es admitido en una preparatoria cerca de Union Square, una escuela que es específicamente para adolescentes de otros países. La escuela internacional se caracteriza por su cuerpo estudiantil, increíblemente diverso, y en sus primeros días allí, Yordy regresará a casa y me contará acerca de sus compañeros, que hablan todos los idiomas imaginables: ruso y árabe, lenguas de India y China, y español. De alguna manera, aunque a todos les falta fluidez en el inglés, aprenden a comunicarse entre ellos y con sus maestros, quienes les hablan y les enseñan sólo en inglés.

La temporada de regreso a la escuela también significa cambios para mí. Todavía no se me permite trabajar legalmente: los solicitantes de asilo tienen un año para presentar su trámite, y no pueden pedir un permiso de trabajo hasta que hayan solicitado asilo, por lo que, aunque acudo a citas legales, médicas y de salud mental, tengo horas que llenar. Mientras asistía a la primera jornada de puertas abiertas en la escuela de Yordy, tomo la decisión improvisada de postularme al puesto de copresidente de la Asociación de Padres y Maestros. Había estado en el mismo cargo en Guatemala, ¿por qué no aquí? Lanzo mi nombre al ruedo y me sorprende ser electa por unanimidad para el año escolar 2018-2019. La escuela también ofrece clases de inglés como segundo idioma, así que me inscribo. Me resultarán complicadas e incluso consideraré abandonarlas, pero persisto y me presento cada martes por la noche, incluso cuando hace un frío insoportable, nieva o llueve.

Esta es la experiencia de los inmigrantes que desearía que la gente pudiera ver, no porque sea la mía sino porque es la historia de muchos de nosotros, que llegamos a Estados Unidos escapando de la violencia para construir vidas que contribuyan plenamente a la sociedad. Estamos agradecidos por todo el apoyo, pero no esperamos limosnas. Queremos ser parte de *su* sueño americano.

Queremos ayudarlos a que lo alcancen. Queremos participar en él con ustedes.

_____

Al final del invierno se programan reuniones de padres y maestros y la esperanza de la primavera está tentadoramente cerca. No puedo esperar a ver salir las flores de primavera del suelo frío, abriéndose valientemente para anunciar la nueva temporada. Recibo avisos sobre los días y horarios en que debo reunirme con los maestros de Yordy y Fernando, y me pongo el abrigo, la bufanda, el gorro y los guantes con la ilusión de poder guardarlos pronto.

Los maestros de Yordy lo elogian. Batalla, dicen, pero se esfuerza y promete. Su gran presentación en clase, que tuvo que preparar y presentar en una computadora, fue la mejor entre todos sus compañeros. Se vistió con un traje comprado por Immigrant Families Together y la perfeccionó revisándola con voluntarios de la organización, asegurándose de que la información fuera precisa y que todo tuviera sentido. Unas semanas después de la reunión de padres y maestros, le otorgan dos certificados: uno por asistencia perfecta y otro por ser un ciudadano modelo. Nadie lo molesta y no está en peligro aquí; siento que puedo ver un peso literal descargado de sus hombros.

A Fernando también le va bien en la escuela, tan bien que apenas puedo creerlo. A este niño, que lo pasaba tan mal cuando me perdía de vista una vez que nos reunimos, y que tenía aún más problemas cuando Yordy estaba lejos, ya que lo había cuidado más como un padre que como un hermano mayor, le emociona despertarse y encontrarse con sus compañeros de kínder para pasar días de diversión y aprendizaje. ¡Incluso me ha preguntado si puede caminar solo a la escuela, pues dice que ya es un niño grande, que las calles son seguras y que sabe cómo llegar!

Su maestra me dice, con la asistencia de una traductora, que es una alegría en el salón. Es amable con sus amigos y le complace ayudar a los demás. Se esfuerza y no se rinde, aun cuando las lecciones le parecen difíciles. Está impresionada por lo rápido que él aprende inglés y lo rico que se ha vuelto su vocabulario. Yo también, pero tuvo un precio, específicamente una factura por cien dólares de cable cuando alquiló *Hotel Transilvania* en pago a la carta y la vio docenas de veces. Le cuento que me da risa, porque llega a casa y me dice regañándome, con el dedo en mi cara, «Debes aprender inglés, y si no lo haces, ya no podré hablar contigo. Hablamos español cuando estamos en Guatemala, e inglés cuando estamos en Estados Unidos». No sabe que es más difícil para los adultos aprender cosas nuevas que para los niños, todavía tan nuevos en el mundo y sus formas.

Me duele que mis hijos no puedan disfrutar este éxito y esta seguridad en el país donde nacieron, y también que mis hijas estén tan lejos y no puedan beneficiarse de tan buenas escuelas y de un ambiente seguro y acogedor. Pero cuando pienso en todo lo que los niños han logrado aquí en tan poco tiempo y cuánto más pueden alcanzar con tiempo y apoyo, me enorgullezco y siento que sí, mi decisión de hacer el difícil y peligroso viaje que nos trajo aquí fue la correcta para nosotros.

16

El horizonte

Los que somos inmigrantes vivimos en un espacio intermedio. No pertenecemos allá de donde venimos, ni aquí, donde nos encontramos ahora, y sin embargo pertenecemos a ambos lugares. Somos de uno, y ahora vivimos en otro. Vamos con cada pie en un mundo separado, una circunstancia que requiere una habilidad considerable. No importa cuánto tiempo vivamos en nuestro país de adopción, la calidez con que nos reciban y lo cómodos que estemos, siempre seremos conscientes de que somos de otro lugar, que fuimos forjados en condiciones difíciles si no es que imposibles de entender para nuestros nuevos amigos, y que estamos creciendo y evolucionando en un lugar que es difícil, si no imposible, que nuestras familias de sangre conozcan o entiendan.

Esto es especialmente cierto para los solicitantes de asilo, que se encuentran en un limbo total. Nuestros casos aún no se resuelven. Aún no se ha tomado una decisión sobre nuestro futuro. Queremos comenzar a construir vidas aquí, hemos empezado a construir vidas aquí, pero lo hacemos muy tentativamente, anhelantes y a la vez temerosos de fortalecer y consolidar amistades y conexiones, para no vernos de repente apartados de ellas. Dejamos hundirse nuestras frágiles raíces para que se asienten en el suelo, conscientes de que podrían ser arrancadas en cualquier momento. Abrimos nuestros corazones a los demás, pero nos descubrimos un tanto contenidos. El corazón es un músculo resistente, pero también sensible.

———

El 15 de abril de 2019, poco más de un año después de llegar a Estados Unidos, tengo programado presentarme ante el tribunal de inmigración para mi audiencia final. Yordy, Fernando y yo nos levantamos temprano. No irán a la escuela hoy. En cambio, nos vestiremos con nuestras mejores ropas e iremos juntos al centro, donde compareceré ante un juez que decidirá si puedo permanecer en Estados Unidos o me enviará de regreso a Guatemala. Al final del día se conocerá mi destino, aun si los de Yordy y Fernando seguirán sin resolverse. Los abogados determinaron que mi caso y los de los niños deberían mantenerse separados.

Mientras me abrocho la blusa y elijo los aretes y el collar que usaré, trato de no pensar en el hecho de que nuestros casos podrían tener resultados diferentes. El abogado de los niños y la mía han tratado de prepararnos para esta posibilidad: que me sea otorgado el asilo y ellos sean deportados, o que les concedan asilo y yo sea deportada. No sé qué haría en cualquier situación, aunque sé que lo que pase será la voluntad de Dios. Sólo puedo esperar que su plan sea mantenernos a todos aquí y que, con el tiempo, pueda traer a Britny y a Dulce también.

———

La sala de espera afuera del tribunal está llena. Veo a un par de personas que no reconozco, y creo que también deben estar esperando sus audiencias, porque se ven tan ansiosas como yo. El resto de la gente aquí son nuestros amigos. Está Bonnie, de Brooklyn, a quien siempre le estaré agradecida. Estuvo allí en nuestro primer día en Nueva York, y ha estado para nosotros desde entonces, siempre preocupada por nuestro bienestar. También ha venido Vicky, la dueña de nuestro apartamento, una anfitriona generosa y a quien he llegado a considerar mi madre estadounidense porque nos hemos hecho muy cercanas; reorganizó su horario de trabajo para estar aquí para nosotros. Estoy especialmente agradecida por su presencia, porque tuvo un accidente recientemente y su brazo está en un soporte de espuma grande y voluminoso que la frustra porque es una mujer muy activa. Julie y Francisco y varios otros voluntarios de Immigrant Families Together también han llegado a apoyarnos. Julie aprovecha la espera para correr escaleras arriba hasta el noveno piso, donde deja la documentación para el más reciente pago de fianzas de la organización.

Todos permanecemos en un silencio incómodo. Estoy nerviosa y sé que los demás se sienten así. Nadie sabe qué decir, yo incluida, así que sólo miramos el reloj y nos preguntamos qué toma tanto tiempo para que se aborde mi caso.

El mío es el siguiente nombre en el orden. Me levanto, me aliso la falda y sigo a mi abogada a la sala del tribunal. Lo que sucede después no es lo que esperaba en absoluto. He estado imaginando este momento durante meses, tratando de anticipar cómo me sentiría, qué diría, cómo calmaría mis nervios y cómo mantendría la compostura cuando el juez otorgara la decisión, cualquiera que fuera. Pero el juez dice que debido a algunos problemas de horario y un error administrativo, no puede escuchar mi caso hoy. Tengo que volver de nuevo… en octubre.

Algunas personas podrían ponerse eufóricas con tal resultado, pero yo estoy destrozada. El retraso posterga muchos planes, o podría forzarme a reconsiderarlos por completo. Íbamos a mudarnos a nuestro propio apartamento, pero ahora me pregunto si debemos permanecer con Vicky hasta que nuestros casos se resuelvan. Una cita en el tribunal hasta octubre también significa que si la decisión de asilo no me es favorable, la escuela de los niños se verá afectada de alguna manera.

Cinco meses más de limbo me esperan. Sé que pasarán rápido, ya que la vida aquí es agitada y el tiempo realmente parece volar. Pero para Britny y Dulce, que esperaban tener alguna claridad sobre su futuro con la decisión sobre mi asilo, esos cinco meses probablemente parecerán cinco años. Salgo del tribunal temiendo mi llamada nocturna con ellas. De alguna manera tendré que encontrar las palabras para decirles que no sé cuándo podremos volver a estar juntas.

Miro a Yordy y a Fernando. Yordy lleva el mismo traje que en su presentación en la escuela, su camisa de vestir blanca planchada y que resalta su moño escosés rojo. Lo vi esta mañana por el rabillo del ojo mientras se alisaba el pelo hasta dejarlo brillante, batallando hasta que quedó bien. Me impresiona lo guapo que se ha vuelto, un joven con toda la vida por delante. Me emociona pensar en su futuro, y sé que a él también. Apenas la semana pasada pronunció un discurso en una gala organizada por The Door, la clínica legal donde trabajan su abogada y el de Fernando. Mientras hablaba, miré alrededor de la sala y vi a la gente fascinada por sus palabras, y cuando terminó, se apresuraron a darle la mano o un abrazo y lo felicitaron. Ahora dice que también quiere ser abogado, aunque tiene además otros intereses y sueños. Le encanta cocinar, y es bueno en eso. Cuando visitamos a Julie, Francisco y sus hijos, toma un delantal, lo ata en su cintura y ayuda en la cocina. Francisco se ha convertido en una figura paterna para él, y hablan sobre la vida y los planes de Yordy para el futuro mientras cocinan. ¿Quién sabe en qué podría convertirse con una buena educación y el apoyo que tenemos aquí?

Al mirar a Fernando con su traje, ¡también puedo ver cuánto ha crecido! Aunque es quisquilloso con lo que come y a menudo trata de saltarse comidas, está más alto y más llenito que el año pasado por estas mismas fechas. Ahora apenas puedo cargarlo a casa cuando se duerme en el subway o el autobús. También hay otros cambios, y cuando me detengo a pensarlo, me resulta difícil procesarlos todos. Su fluidez en el inglés es increíble y me enorgullece, así como el hecho de que la escuela lo menciona como un alumno modelo. Sus boletas de calificaciones están en inglés, y no entiendo los números y lo que significan ni los largos párrafos de comentarios que describen su progreso en cada tema. Julie se sienta y me los lee traduciéndolos al español para que pueda entender el alcance completo de sus logros.

—Le está yendo bien en todas las materias, y sólo necesita practicar y mejorar en las mismas áreas que el resto de sus compañeros —explica—. Se preocupa por los demás, participa y pone atención, y siempre se esfuerza mucho. —A veces hace una larga pausa, y parece contener las lágrimas—. Todos los comentarios son positivos, Rosy. Estoy muy orgullosa de él —dice.

«Si esto es lo que pudo lograr en sólo un año», pienso, «imagina cuánto habrá aprendido para este momento el próximo, o dentro de cinco más. ¡Imagina lo que puede llegar a ser!».

––––––––

Cuando las madres separadas son liberadas de los centros de detención por Immigrant Families Together, Francisco a menudo les hace la pregunta: ¿cuál era su plan? Me ha explicado que quiere decir: cuando estabas en tu país de origen, contemplando viajar a Estados Unidos, ¿qué pensaste que harías una vez que llegaras? ¿Dónde pensabas que vivirías y cómo esperabas mantenerte? ¿Qué visualizabas para tus hijos? ¿Cómo imaginaste que serían tus días? En resumen, ¿qué creías que les depararía el futuro a ti y a tus hijos?

Aunque él también es refugiado y comparte esa experiencia de abandonar un hogar y establecer otro en el extranjero, siempre parece sorprendido cuando una mujer responde que no sabe. Su visión abarca sólo el horizonte: la frontera. Más allá, la vida es una hoja en blanco. Claro, tal vez espera vivir con un miembro de la familia y espera que la ayuden con sus necesidades y las de sus hijos hasta que pueda hacerlo sola, pero no puede ver su día a día ni imaginar lo que hará. Tan acostumbrada como está a vivir sobreviviendo, podría serle imposible ver qué podrían llegar a ser ella y sus hijos. Su capacidad para ver el futuro está limitada porque no tiene un marco de referencia para imaginar la vida más allá de la frontera, no tiene forma de imaginarse a sí misma y los contornos de su vida diaria cuando está sumida en su cegador entorno de miedo.

Cuando está en su país de origen y piensa en irse, tampoco puede imaginar a las buenas personas que conocerá, las que los ayudarán a ella y a sus hijos en el camino. El apoyo que le brindarán podría superar sus sueños más afanosos, y tal vez empiece a convertirlos, a ella y a sus hijos, en personas seguras y emocionadas que viven sin miedo por primera vez en sus vidas. Esta transformación los hace audaces y valientes, listos para probar cosas nuevas, listos para probarse la piel de las personas que podrían llegar a ser.

Yordy y Fernando han estado extendiendo sus alas, e incluso cuando esto me aterra o me desconcierta, me guardo mis miedos; bueno, casi, y los animo. Yordy se va de retiro con el grupo de jóvenes de la iglesia durante un largo fin de semana. ¡El viaje los lleva a kilómetros de distancia, a otro estado! Como si no fuera suficiente para perturbar mis nervios, los organizadores del viaje y los acompañantes les dicen a los niños que deben entregar sus teléfonos al comienzo del retiro, tienen que aprender a estar juntos sin tecnología de por medio. En teoría me gusta esta idea, ya que Yordy pasa demasiado tiempo en su teléfono, pero cuando eso significa que no puedo comunicarme con él, me pongo ansiosa. Sigo deseando enviarle un mensaje de texto, para que se reporte y yo sepa cómo está, pero cada vez que pongo su nombre en mi teléfono, me doy cuenta de que no lo recibirá hasta el final del viaje, y entonces bajo el aparato y sólo rezo. Doy vueltas en la cama por la noche, esperando que se divierta y que esté bien, pero sé que en realidad no descansaré hasta que vuelva a Nueva York.

Cuando regresa, apenas lo reconozco como mi hijo. ¡Nunca lo había visto tan emocionado, tan vivo! Me cuenta sobre todas las actividades nuevas que realizó, incluso preparar una fogata y hacer algo llamado *s'mores*, y sobre los consejeros, y un concierto que culminó el fin de semana. Dice que tendrán otro retiro en el verano, una vez que terminen las clases, y está tan emocionado de ir que dijo que sí sin preguntarme primero.

Siento una punzada de tristeza por esto, pero sobre todo me siento orgullosa. El joven en que se está convirtiendo tendrá tantas oportunidades, tantas posibilidades. Mi papel como su madre está cambiando. Con cada día que pasa, ya no soy la persona que tomará decisiones en su lugar. En cambio, estoy aprendiendo a dejar que él lo haga, asumo una posición en la que apoyo las decisiones que toma por sí mismo. Esto nos da un poco de miedo a ambos, y nos complicamos al tratar de instalarnos cómodamente en estos nuevos papeles, pero puedo ver que el camino por delante comienza a revelarse por sí mismo. Si se le concede asilo, se quedará aquí, terminará la preparatoria y seguirá a la universidad. Ingresará a una carrera que quiera para sí mismo, en vez de sólo tomar el único trabajo a su alcance. Y me gusta imaginar que algún día encontrará la manera de retribuir todo esto, aprovechar la seguridad, la confianza y las oportunidades que se le han brindado y las comparta con alguien más que las necesite tanto como él en su momento.

Fernando cumplió seis años, pero siento que va a cumplir dieciséis o incluso veintiséis. Arregla en inglés sus propios días de juego con los padres de sus amigos, y les dice: «El inglés de mi mamá todavía no es muy bueno, pero lo está intentando», y actúa como traductor entre nosotros sin preguntar mi opinión sobre un día o una hora, más bien avisándome que está resolviéndolo en su calendario. Si bien a menudo me siento impotente porque no puedo comunicarme de manera más fácil o independiente con personas que sólo hablan inglés, también tengo que reírme de mi hombrecito desinhibido y coordinador de eventos, quien no muestra la menor ansiedad social. Al terminar el año escolar, puede leer y traducir los avisos en inglés que llegan a la casa, y me informa sobre una fiesta de «graduación» que marcará su transición del kínder al primer grado. En la fiesta, canta canciones en inglés y habla sin parar con sus amigos y sus padres, y lo observo con asombro y orgullo. Este niño al que traje primero a Estados Unidos cuando todavía me chupaba el pecho, que dependía completamente de mí, ahora va por su mundo con la mayor facilidad. Es más de lo que pude haber imaginado.

———

Cada noche llamo a casa en Guatemala. Hablo con mi madre y le pregunto cómo fue su día. Pregunto por mis hermanos y hermanas y, por supuesto, por mis hijas. A mi madre y mi hermana les preocupa que la escuela y las clases de marimba no les abarquen el tiempo suficiente para mantener a las niñas fuera de peligro y, dudan en decirme, nuevamente parecen estar recrudeciéndose los problemas en el pueblo. Hace apenas unas noches, mi madre me confiesa, alguien trepó arriba de su casa e intentó abrir el endeble techo de lámina. Le preocupa que las llamadas de extorsión comiencen de nuevo. El intento de allanamiento le causó tanto miedo que le provocó casi un infarto y fue hospitalizada. A miles de kilómetros de distancia, me siento enferma de preocupación y culpable por mi incapacidad para ayudarla o protegerla. Si Dios quiere, podré trabajar pronto y ayudar a reforzar el techo. Y espero también poder sacar de Guatemala a mis hijas y traerlas a mi lado. Quiero verlas florecer tal como Yordy y Fernando crecen y progresan.

A veces, antes de retirarnos a dormir, Yordy y yo nos paramos frente a la ventana que da al sur en el apartamento de Vicky en el piso dieciocho y contemplamos la ciudad. Dicen que Nueva York es la ciudad que nunca duerme, y podemos ver por qué. No importa la hora, siempre vemos taxis y carros que van por la Segunda Avenida, y sus conductores suenan el claxon como si fuera mediodía y todo mundo estuviera despierto. El horizonte nunca se oscurece; las luces siempre brillan en la noche, haciéndonos compañía hasta que amanece.

Antes de despedirnos, Yordy y yo recordamos nuestro otro hogar, Guatemala, y lo que nos trajo aquí y cómo fue ese viaje para nosotros. No omitimos las partes duras, pero tendemos a centrarnos en las más hermosas: todos los momentos de grata sorpresa, cuando alguien nos tendió una mano y nos preguntó si podía ser parte de nuestro caminar. Hablamos de nuestra buena suerte y de nuestros amigos, y luego oramos, pidiendo a Dios que tenga a todos en su reino. Justo antes de quedarnos dormidos, pienso en las madres en Eloy y otros centros de detención. ¿Dónde están ahora? ¿Cómo están? ¿Están bien sus hijos?

Pienso en las madres que emprenden sus viajes hacia el norte, con los bebés atados a la espalda o las manos de los niños en las suyas, llevándolos lejos de casa, probablemente para siempre. Luego me quedo dormida y sueño con los que se acercan a la frontera, los que pasan su última noche fuera de Estados Unidos, en el frío del exterior. En mi sueño, hablo directamente con Dios: «Cúbrelos, Señor, con tu amor. Permíteles, como nos has permitido, que tengan la oportunidad de vivir. Permíteles conocer tu misericordia y tu gracia. Amén».

Epílogo

El día anterior a la audiencia final de Rosy fue uno de esos al final del verano, con el cielo de un azul brillante. La temperatura había aumentado a 32 grados Celsius en las horas de más calor, y Rosy estaba sudando de pie en el patio de la escuela de Fernando, esperando a que saliera. Cuando apareció en la puerta y pisó el césped artificial, lo abrazó y le quitó el suéter mientras él se quejaba del calor. Usando Google Translate, le recordó a su maestra que Fernando faltaría a la escuela al día siguiente, ya que ella tenía una cita en el tribunal y se requería que sus hijos estuvieran presentes.

—Vámonos a la casa —instó a Fernando, que quería disfrutar el último atisbo del verano pasando una hora más o menos en el sombreado patio de juegos un poco más adelante. Esperaba avistar a su amiga, Sophie, a quien había llegado a apreciar tanto el año anterior. Ya no estaban en el mismo salón porque, como le gustaba decir en inglés, «Resolví todos los desafíos del kínder y ahora estoy en un nuevo salón de primer grado». Si Sophie llegaba también al patio de juegos, podrían trepar a las barras altas o perseguirse, o simplemente sentarse y platicar en las frescas sombras proyectadas por los altos sicomoros.

—Por favor —rogó él, estirando la última «o» para un énfasis persuasivo adicional. A Rosy no le gustaba decirles que no a sus hijos, pero tenía que ser firme.

—Mañana es un día importante y tenemos que descansar.

Como se habían mudado a su propio apartamento, el viaje de ida y vuelta de la escuela se había hecho significativamente más largo, por lo que ahora debía tenerlo en cuenta al tomar muchas decisiones.

Casi siempre, sin embargo, era consciente del tiempo. En menos de veinticuatro horas estaría sentada en la sala del tribunal, esperando su destino mientras un juez determinaba si debía otorgar o rechazar su solicitud de asilo. Todavía le faltaban cosas por hacer como preparación para el tribunal: hacer que los niños se probaran los trajes por última vez para asegurarse de que aún les quedaban bien; planchar sus camisas y su propio atuendo; e inspeccionar los zapatos de todos para asegurarse de que estuvieran brillantes.

Ella siempre disfrutó vestirse bien, independientemente de la ocasión, pero sabía que causar una buena impresión en la sala podría influir, aunque fuera sólo un poco, en el resultado de su caso. Una familia bien vestida, pensaba, le comunicaría a un juez que entendían la gravedad de la ley. Demostraba el respeto de todos hacia el tribunal, hacia el juez, incluso hacia Estados Unidos. Sabía que vestirse bien también sugería que la familia estaba lo suficientemente integrada como para no incurrir en lo que el tribunal exhortaba tanto que no sucediera: que los inmigrantes fueran una carga pública… una carga para la sociedad. La mayor parte de la ropa era donada, cierto. También sus tacones negros, que le quedaban perfectamente y parecía que nunca se hubieran usado. Pero mientras alisaba las solapas de los niños y ataba el lazo en el cuello de su blusa, sabía que el juez no estaría al tanto de ello. Simplemente sabría que se veían bien, y que verse de otra manera no les haría ningún favor.

———

El jueves 3 de octubre amaneció gris, húmedo y frío, como si reafirmara que el verano había decidido retirarse por el resto del año. «Ayer ustedes podrían haber usado traje de baño, pero hoy tenemos un clima que prácticamente pide abrigo de invierno. La máxima para este día será de 10 grados Celsius», dijo el locutor de radio, y agregó: «Asegúrense de salir con sus paraguas. Va a estar nublado, con mucha lluvia».

Saqué los impermeables de nuestros hijos de sus perchas. Mientras se ponían los abrigos, les recordé que una niñera los recogería de la escuela. «¿Vas a Inmigración?», preguntó la más pequeña. «Sí», respondí, «hoy es la audiencia de Rosy». «¡Dale un abrazo!», dijo Olivia, «uno GRANDE». Después de dejarlos en la escuela, regresé a casa a vestirme para la audiencia antes de conducir al centro con Francisco. Miré por la ventana de nuestra habitación y pensé qué ponerme. Todavía no había sacado mi ropa de otoño e invierno, y nada de lo que colgaba frente a mí parecía adecuado. El clima lucía ominoso, pensé, pero me negué a decir nada al respecto en voz alta. Después de todo, fue Rosy quien me había dicho casi un año antes, cuando el frío del otoño se instaló en Nueva York, que amaba cualquier clima: sol y nubes, lluvia y nieve, calor y frío, cualquiera, siempre y cuando ella fuera libre. Mientras me ponía un suéter y lo acomodaba sobre mis hombros, esperaba que Rosy no sintiera lo mismo que yo ante las pesadas nubes oscuras que se acumulaban sobre la ciudad.

———

A pesar de la advertencia del locutor de radio acerca de llevar un paraguas, Francisco y yo no pudimos encontrar el nuestro, y salimos aprisa en la lluvia para encontrarnos con Rosy y los niños en una cafetería antes de caminar juntos al edificio federal, donde su abogada, varios de sus amigos y voluntarios de IFT esperaban. A la una de la tarde, cuando se abrió la sala del tribunal, todos ingresamos y ocupamos nuestros lugares en las bancas de madera, esperando a que comenzara la audiencia. El abogado del Departamento de Seguridad Nacional (DSN), siempre identificable porque empujan un carro de dos niveles con cajas llenas de abultadas carpetas marrones, entró atropelladamente. A decir verdad, se veía un tanto desaliñado. A diferencia de sus colegas, cuyas carpetas en general estaban ordenadas, bien acomodadas en las cajas, las suyas eran un desastre, el contenido se derramaba de ellas, las esquinas de las páginas estaban dobladas y torcidas. También tenía una maraña de bolsas de plástico debajo de la pila elevada y precaria. Pedazos rotos de papel burbuja iban adheridos a los costados, y tampoco era obvio para qué servían; no estaban pegados al asa del carrito.

El propio abogado parecía casi reforzado con cinta. Su traje gastado y poco favorecedor tenía un hilo largo y maltrecho que escapaba del forro. Sus zapatos deportivos negros eran unos mocasines.

Cuando el juez convocó a la sesión al orden, parecía sorprendido por la cantidad de personas en la sala (las bancas estaban casi llenas) y preguntó, por medio de un intérprete, si Rosy quería que todos nosotros permaneciéramos en la audiencia. «Sí, juez», respondió ella. Él pidió entonces a los posibles testigos (un experto que podría hablar sobre las condiciones del país en Guatemala, incluido el tema de las pandillas, y su tarifa de mil dólares había sido pagada por amigos; su terapeuta; y los niños) salir y permanecer en la sala de espera; serían llamados si fuera necesario, pero no se les permitió escuchar el testimonio de Rosy.

Antes de que el juez pudiera juramentar a Rosy, el abogado del DSN pidió permiso para acercarse. «Eso no es bueno», pensé, intentando que mi expresión no revelara nada. No quería que Rosy me mirara y sintiera miedo. El juez asintió e invitó a ambos abogados a pasar a su despacho. En la sala, esperamos veinticinco minutos hasta que salieron y el juez procedió y le tomó juramento a Rosy.

Después de la juramentación, el juez revisó el expediente de asilo de Rosy con los abogados, confirmando y etiquetando cada documento con un número de prueba, poniendo orden en las cientos y cientos de páginas que conforman una solicitud de asilo. Preguntó por cualquier enmienda oral a la solicitud, y la abogada de Rosy respondió con varias, incluida la corrección de un error de escritura en la página 56 (los errores administrativos pueden perseguir a los solicitantes de asilo para siempre, causando problemas que pueden desbaratar un caso). También solicitó la adición de seis categorías sobre las cuales se efectuaría la solicitud de asilo. Estas incluían las identidades de Rosy como madre soltera con hijos, propietaria de un negocio, como mujer que desafiaba las normas de género y viuda, así como otras dos que combinaban estas identidades, formando sus propias categorías discretas.

Los preliminares previsibles de una solicitud de asilo terminan aquí, con el juez aconsejando contra las solicitudes frívolas, explicando lo que eso significaba, y las consecuencias de efectuarlas. Al obligado primer paso de la audiencia le siguió el testimonio de Rosy. Es en esta parte en la cual los detalles únicos y las variables de la vida de una persona (la mayoría de ellos espantosamente dolorosos) distinguen una audiencia de asilo de otra. También es donde un abogado del gobierno o un juez de inmigración puede comenzar a desacreditar la historia de un solicitante, consciente o inconscientemente, causando ansiedad o confusión con sus preguntas y con su propia falta de conocimiento y comprensión acerca de los países y las culturas de las que proceden los solicitantes.

A diferencia de muchos solicitantes de asilo, cuyos abogados pro bono tienen un tiempo limitado para reunirse y preparar a sus clientes específicamente para la audiencia, Rosy tuvo el beneficio de ser preparada. Su abogada se reunió con ella varias veces en las semanas previas, con el propósito expreso de simular la audiencia. Incluso trajo a otra abogada para que desempeñara el papel de representante del DNS y la dejó ser lo más antagónica posible, anticipando una variedad de escenarios y líneas de interrogatorio que podrían desestabilizar a Rosy y debilitar su confianza.

Rosy sentía que las sesiones de práctica habían sido de gran ayuda, pero antes de la audiencia me dijo que todavía estaba preocupada por la sucesión de los hechos, tan importante. Nunca había sido buena con las fechas, y sabía que el aspecto decisivo de la mayoría de las audiencias de asilo implicaba que el declarante fuera capaz de establecer su credibilidad, en parte al recordar las fechas específicas en que ocurrieron los eventos claves. Al comprender la dificultad de Rosy con el recuento temporal, su abogada respondió en consecuencia. Primero, su estrategia general suponía hacerle preguntas cortas y específicas. En segundo lugar, le había pedido al terapeuta de Rosy que estuviera presente como testigo potencial. Si el abogado del DNS tenía intención de atacar la credibilidad de Rosy debido a su dificultad para recordar fechas, la abogada llamaría al terapeuta al estrado y le haría preguntas que lo llevaran a hablar sobre el impacto del trauma en la capacidad para recordar fechas.

La abogada de Rosy le hizo casi ciento cincuenta preguntas, muy pocas de más de seis palabras. Iban desde las cuestiones estándar de todo caso (¿Cuál es su nombre? ¿Cuál es su fecha de nacimiento? ¿Dónde nació?), hasta aquellas cuyas respuestas servirían para trazar la línea de tiempo y la cadena de horrores particulares que motivaron los dos peligrosos viajes de Rosy a Estados Unidos: ¿Dónde está Juan [su esposo] ahora? ¿Quién lo mató? ¿Cómo murió? ¿Cómo lo supo? ¿La policía investigó?

¿Cómo supo que nunca investigaron? Y luego, ¿Quién intentó matarla? ¿Dónde le dispararon? Describa sus heridas. ¿Qué hicieron en el hospital por usted? ¿Todavía tiene una placa de metal en el brazo? ¿Sus cicatrices aún son visibles? ¿Podría mostrar al tribunal sus cicatrices?

En respuesta a esta última pregunta, Rosy levantó ambos brazos, se subió las mangas hasta los codos y levantó los antebrazos para que el juez inspeccionara. «Que quede en el registro que cada uno de los antebrazos de la declarante tiene cicatrices», dijo él.

———

Rosy relató sus esfuerzos para mitigar el daño real y posible que se cernía sobre su familia en Guatemala. Esto es clave: el declarante debe demostrar que trató de hacer algo activamente para evitar la violencia que experimentaba o, en su defecto, recurrir a los canales «adecuados» para denunciar esa violencia y buscar justicia. Muchos solicitantes de asilo nunca utilizaron esos canales «adecuados». Saben de primera mano lo que informan los grupos internacionales de monitoreo: que la corrupción está tan arraigada en las instituciones de Centroamérica que los ciudadanos promedio, en especial aquellos que son pobres, son conscientes de que la policía y las autoridades judiciales a menudo actúan en colusión con los delincuentes y que la justicia es, en el mejor de los casos, esquiva. En Guatemala, específicamente, la corrupción está tan generalizada que durante la última década magistrados de la Corte Suprema y varios presidentes han sido acusados penalmente.

—¿Denunció su atentado a la policía?

—Sí.

—¿La policía investigó?

—Sí.

—¿Qué evidencia encontraron?

—Un casquillo de bala.

—¿La policía volvió a contactarla?

—No.

—¿Preguntó usted por algún avance?

—Sí.

—¿Qué pasó?

—Dijeron que tenía que pagarles una gran cantidad de dinero para llevar adelante la investigación.

———

Cualquier pregunta pudo haber llevado a una larga historia. Me había sentado con Rosy y le hice preguntas similares, y sus respuestas podían, a veces, necesitar una hora o más. Pero una audiencia de asilo, si espera ser exitosa, debe omitir miles de detalles, en especial los que proporcionan contexto, los que más significan para la persona cuyo destino se está decidiendo.

Menos es más, instruyen a sus clientes los abogados efectivos. Nunca ofrezcan más de lo que se les pregunta, dicen. Incluso el juez reforzó el valor de una narrativa austera. En sus instrucciones iniciales, dijo: «Responda sí o no. Si no sabe, diga que no sabe. Si no comprende la pregunta, solicite que se le repita».

Epílogo

Casi noventa minutos después de empezar su interrogatorio, la abogada de Rosy indicó que no tenía más preguntas. Luego de un receso de diez minutos, la audiencia se reanudó. Era hora de que el abogado del DNS intentara socavar la credibilidad de Rosy y el testimonio que había proporcionado.

Respiré profundamente, mi estómago era un nudo. ¿Qué había oído el abogado, y qué no había oído... o ignorado? Durante el interrogatorio de la abogada de Rosy, uno de nuestros voluntarios, sentado detrás del abogado del gobierno, me envió un mensaje de texto para decirme que el desaliñado personaje estaba leyendo la guía de estudio de CliffsNotes para *Grandes esperanzas* de Charles Dickens en su laptop.

«Por favor, dime que es una broma», respondí, preguntándome si el abogado consultaba CliffsNotes como alguna especie de esfuerzo preliminar para pergeñar su declaración final con una referencia extraña e incongruente al clásico británico. «¿Cómo será su vida fuera del tribunal?», me pregunté mientras él se abocaba a su línea de preguntas.

Muchas de ellas eran redundantes, posiblemente tratando de detectar inconsistencias:

¿Después de que le dispararon, acudió a la policía?

¿Por qué no llevaron adelante su caso?

¿Qué quiere decir con «suficiente dinero para la investigación»?

¿Hay que entregar dinero que se actúe?

Sorprendentemente, terminó después de unas dos docenas de preguntas, e incluso declinó hacer una declaración final. ¿No se sentía con suerte, o sólo estaba lo suficientemente convencido por el testimonio de Rosy y no sentía necesario tratar de conseguir una negativa para este caso? Yo estaba desconcertada y un poco inquieta. ¿Qué pasaría?

————

Por lo general, la conclusión de una audiencia de asilo puede seguir uno de dos caminos. Un juez puede decidir emitir por correo una decisión de asilo porque él o ella quiere más tiempo para revisar el expediente del caso y considerar el testimonio junto con él. La otra posibilidad es que el juez emita una decisión oral el mismo día, en particular si los hechos del caso son sólidos, ya sea a favor o en contra de la solicitud de asilo.

En el caso de Rosy, nada de esto pasó.

El juez, en sus comentarios finales, reveló la razón de la charla privada inicial: faltaba una pieza clave de información en el expediente. Sin ella, no podría tomar una determinación final en el caso. Aunque la abogada había solicitado los datos biométricos (las huellas digitales y la verificación de antecedentes, requeridos para adjuntarse en los casos de asilo) casi un año antes, el gobierno nunca le dio una cita para que se realizaran. El abogado del gobierno le ofreció a Rosy la oportunidad de diferir la audiencia hasta que los datos biométricos estuvieran completos o tener la audiencia, en el entendido de que el juez no podría emitir un fallo hasta que tuviera ocasión de revisar los resultados. Ella eligió lo último. Suponiendo que el gobierno le diera la cita y que los resultados lleguen a tiempo (una suposición bastante generosa dado el historial), su próxima audiencia, la audiencia final-final, se llevará a cabo en febrero de 2020.

Aunque no hubo una decisión en el caso, Rosy estaba todavía de buen ánimo cuando salimos del tribunal. El paso más difícil en el proceso había terminado, y se sentía bien respecto a todo: la eficacia de su abogada, su propio desempeño (había llorado, brevemente, sólo una vez, y estuvo tranquila y segura durante todo el interrogatorio), el comportamiento tibio del abogado del DNS, el apoyo que recibió de amigos y voluntarios, y la actitud del juez, que consideró justa.

Todos subimos al carro y fuimos a cenar. Seguía lloviznando, pero la precipitación estaba disminuyendo y las nubes se despejaban, las estrellas punteaban el cielo. No era una celebración, no todavía, pero la tratamos como tal, ordenando una docena de ostras de la hora feliz para compartir. Rechonchas, saladas, frescas, cada quien tomó una y la levantamos a manera de brindis. Si bien no teníamos una decisión, habíamos hecho todo lo posible para defender el caso de Rosy. Teníamos que esperar. ¿Pero esta noche? Esta noche celebraríamos. Honraríamos a Rosy. Su coraje. Su amor por sus hijos. Su supervivencia. Su capacidad, después de todo lo que había vivido y superado, de seguir abriéndose a una vida de posibilidades, de sueños que (sentíamos todos, aun si no lo dijimos) cada vez se veían más cerca de alcanzar.

Estados Unidos concedió asilo a Rosy el 4 de febrero de 2020. Uno de los efectos de la decisión del juez fue que Yordy y Fernando pudieran también permanecer legalmente en el país. En la actualidad, Rosy está en el proceso de solicitar la estadía legal para sus hijas.

Lecturas recomendadas

A lo largo de los años he leído varios libros que han dado forma a mi pensamiento sobre América Latina, la justicia y los cambios sociales. La siguiente no es una lista completa, pero son los textos a los que he regresado una y otra vez desde que empecé lo que se ha convertido en Immigrant Families Together. Los recomiendo con la esperanza de que los encuentren tan informativos, inspiradores y estimulantes como lo han sido para mí.

—Julie

The Guatemala Reader: History, Culture, Politics. Editado por Greg Grandin, Deborah T. Levenson y Elizabeth Oglesby. Duke University Press, 2011.

Esta antología, un título de la serie Latin America Readers, ofrece una introducción amplia y profunda a la historia de Guatemala a partir de escritos de fuentes primarias que abarcan un periodo extenso, desde la época precolonial hasta la primera década del siglo xxi. Quienes busquen llenar vacíos en su conocimiento y adquirir contexto acerca de algunas de las causas fundamentales de la «crisis» migratoria, harían bien en adentrarse en este grueso volumen.

A Burst of Light and Other Essays. Audre Lorde. Ixia Press, 2017.

Conocí la obra de Audre Lorde en la universidad, en mis clases de estudios de la mujer. Su idea más conocida es esta, poderosamente articulada: «Las herramientas del amo nunca desmontarán la casa del amo». Pero nunca pude entenderla del todo hasta muchos años después, cuando me vi inmersa en el trabajo con el que ahora estoy comprometida. Lorde, quien escribió muchos de estos ensayos mientras enfrentaba la muerte a causa del cáncer, reflexiona sobre sus años de activismo interseccional y sobre los poderes del miedo, la nostalgia, la rabia y el silencio. Fácilmente he subrayado la mitad de las frases de este libro.

Vanishing Frontiers: The Forces Driving Mexico and the United States Together. Andrew Selee. Public Affairs, 2018.

Aun habiendo residido en México y siendo una dedicada mexicanófila, aprendí inmensamente sobre las fronteras, y sobre la frontera entre México y Estados Unidos en particular, con el inteligente libro de Selee, basado en sus experiencias de décadas de trabajo en el campo de la política migratoria. La dicha de este libro es que no es inaccesiblemente técnico ni es un relato pesimista. En cambio, plantea un futuro en el que las fronteras sean menos rígidas y más permeables al detallar numerosas historias de éxito que suelen escapar a la atención de los medios, pero comprueban lo prometedor y las posibilidades de la colaboración transfronteriza.

Barking to the Choir: The Power of Radical Kinship. Gregory Boyle. Simon & Schuster, 2017.

Este libro del sacerdote jesuita Gregory Boyle, fundador del programa de servicio social Homeboy Industries, con sede en Los Ángeles, es un compendio de anécdotas positivas de sus años de trabajo con miembros activos y exintegrantes de pandillas. Al cimentar su vida y su trabajo en la noción de parentesco radical (la idea de que todos somos responsables de todos y que deberíamos «admirar lo que la gente tiene que cargar en lugar de juzgar cómo lo cargan»), el Padre Greg ha tocado miles de vidas en sus tres décadas de ministerio y activismo.

Cómo involucrarse

«¿Cómo puedo ayudar?»

Si esa es la pregunta que te haces después de leer este libro, estas son algunas respuestas y formas de involucrarse en el apoyo a los solicitantes de asilo y otros vecinos inmigrantes.

1. **Lee.** Aprender más acerca de la historia de la inmigración y la migración, las fronteras y las complicadas relaciones entre Estados Unidos y otros países, es crucial para comprender las causas fundamentales de las políticas de migración e inmigración. Leer sobre estos temas ayudará a completar el contexto vital a menudo ausente en las informaciones de los medios más populares.

2. **Sé políticamente consciente y activo.** Votar es un acto esencial, por supuesto, pero escribir y llamar a los funcionarios electos para apoyar o expresar oposición a las políticas que perjudican a los migrantes y la diversidad de nuestras comunidades es otra forma de ejercer tus derechos. Pon atención también

a las políticas locales, incluso a nivel municipal. Las políticas locales y estatales, como permitir que la policía municipal colabore con ICE, a menudo refuerza políticas federales; o, en situaciones ideales, propón alternativas que promuevan una agenda más progresista.

3. **Utiliza el poder del bolsillo.** Dónde y qué compras importa. Evita recompensar a empresas que apoyan los centros de detención y a sus contratistas. El sitio web y la aplicación Goods Unite Us evalúa y califica a las empresas con base en sus donaciones políticas, lo que te permite dirigir tu dinero de manera que corresponda con tus propias creencias.

4. **Dona.** Las organizaciones dedicadas a la migración y los asuntos fronterizos utilizan tus contribuciones para brindar apoyo directo a los solicitantes de asilo. Las donaciones a Immigrant Families Together (www.immigrantfamilies together.com) pagan las fianzas de solicitantes de asilo y cubren sus gastos legales, de vivienda, alimentos, atención médica y traslado a citas legales y de regreso. Este nivel de apoyo proporciona a las familias una mayor seguridad y estabilidad mientras esperan la decisión sobre su asilo, ya que la mayoría aún no pueden trabajar. Si no puedes donar, ¡organiza una recaudación de fondos! Un puesto de limonada puede recaudar lo suficiente para alimentar a una familia; nada es «demasiado pequeño» o «demasiado poco».

5. **Hazte voluntario.** Si bien muchas organizaciones que realizan el trabajo diario de apoyar a solicitantes de asilo simplemente no cuentan con personal suficiente como para gestionar voluntarios, otras dependen de personas que ofrezcan su tiempo y energía al trabajo de la organización. Una de estas últimas es Team Brownsville (www.teambrownsville.org), en Brownsville, Texas, que alimenta a solicitantes de asilo y les da la bienvenida en la estación de autobuses local tras su liberación. Siempre están buscando voluntarios para ayudar a servir comidas.

6. **Usa tus habilidades.** Varios proyectos especiales de arte y manualidades te invitan a utilizar tu talento y habilidad para mostrar solidaridad con los solicitantes de asilo y otros inmigrantes. Un proyecto particularmente encantador es Welcome Blanket (www.welcomeblanket.org), que invita a quienes hacen colchas y tejen a elaborar mantas que «brinden comodidad y calidez literal y simbólica» a las personas recién llegadas a Estados Unidos.

Agradecimientos de Rosy

Primero, mi profunda gratitud es para Dios por permitir que este proyecto se realice. También agradezco a cada una de las personas que se han convertido en parte de mi vida en el último año, quienes han sido esenciales para mi estadía en este país. Son muchos, y menciono sólo a unos pocos aquí, aunque estoy agradecida por cada uno de ellos:

A Julie, por tener la iniciativa de apoyar a las madres separadas de sus hijos. Sé que todo lo que has pasado no ha sido fácil, y sin embargo persistes en este importante trabajo. A tu esposo, Francisco, por su apoyo incondicional, y por supuesto a cada uno de sus hijos. Juntos forman un equipo increíble que ha podido reunir a muchas familias.

A Bonnie y tu familia, les doy las gracias por todo el apoyo moral que nos han brindado: gracias por hacernos sentir como su familia.

A Vicky, ¿qué podría decirte? Hay tantas cosas, pero sobre todo, te agradezco por hacerme espacio en tu vida, no sólo abriendo las puertas de tu hogar, sino también las de tu corazón. El amor que sientes por nosotros es lo que sentimos por ti también, y no importa a dónde vayamos, siempre estarás en nuestros corazones. Gracias también a tus hijos por hacernos sentir en casa.

A la rabina Rachel Timoner y a todas y cada una de las personas de la Congregación Beth Elohim que de una forma u otra nos apoyaron cuando vivimos en Brooklyn. Gracias por sus visitas y por no dejarnos solos en un momento cuando los necesitábamos tanto.

A Monique, gracias por abrirnos tu hogar, confiárnoslo y permitirnos estar allí en un momento de gran necesidad.

A Hannah, gracias por pensar siempre en nosotros y brindarnos apoyo en los momentos más importantes de nuestro proceso.

A mis hijos, gracias por su paciencia y por entender cada momento que hemos vivido. Gracias por acompañarme en este proceso.

A mis hijas, las amo muchísimo y me duele que no estén a mi lado, pero siempre están en mi corazón. Gracias por ser tan fuertes. Sé que nuestro Creador continuará fortaleciendo sus corazones y les permitirá crecer y seguir adelante.

A mi guía y gran guerrera, mi hermosa madre, te amo y te extraño. Gracias por ser mi pilar.

A mi hermana Elvira y su familia, gracias por su apoyo incondicional al cuidar de mis hijas mientras pasamos por este proceso.

Al resto de mi familia, los amo y doy gracias por cada uno de ustedes. Todos han sido y serán siempre una parte esencial de mi vida diaria. Que Dios los bendiga siempre.

A Scott, gracias por su fe en este libro, y a HarperOne, gracias por preocuparse por este tema importante, un aspecto de la vida que la gente a menudo no ve.

Por último, gracias a todos los que forman parte de mi vida diaria y a cada uno de quienes tienen este libro en sus manos y están leyendo mi historia.

Agradecimientos de Julie

Comencé mi vida profesional como trabajadora social y terapeuta en artes creativas especializada en el uso de la escritura como una forma de ayudar a las personas a contar sus historias de vida, y ayudarlas a imaginar y trabajar hacia un final distinto, con suerte más feliz, y en última instancia alcanzarlo. Dejé esa carrera en 2003. Me encantaba mi trabajo, la gente con la que lo hacía y mis compañeros, pero estaba profundamente frustrada por la burocracia organizacional. Dejé de lado mi visión de cambiar el mundo, o mi pequeño rincón, por medio del trabajo social, y en lugar de ello me convertí en escritora, editora y traductora, contando historias aún, principalmente sobre América Latina.

De una manera extraña y maravillosa, pues, mi vida ha completado el círculo. En esencia, el trabajo de Immigrant Families Together se trata de contar historias, de ser la voz de personas sin posibilidad de tomar el micrófono o el megáfono y contar sus propias narrativas. En este libro, estoy agradecida y orgullosa de ayudar a contar la historia de Rosy, pero también de darle el megáfono. Su historia es sólo eso, singularmente suya, pero sus líneas básicas representan las historias de miles de centroameri-

243

canos que buscan refugio en Estados Unidos. Ella, y ellos, junto con sus hijos, son personas que te agradaría tener como vecinos, personas que nos recuerdan por qué se fundó este país y qué es realmente el sueño americano.

Estoy agradecida con nuestro agente, Scott Mendel, quien llamó para decir: «¿Sabes que necesitas armar una propuesta de libro, verdad?», y ayudó a dar forma a esa propuesta y la impulsó de modo que la historia de Rosy (que de muchas formas es la historia de todas las mamás y familias de IFT) pudiera conseguir la mayor visibilidad y la mayor audiencia, provocando, esperamos, un reinicio en nuestra conversación nacional sobre la inmigración. Todo escritor debiera tener la suerte de contar con él en su esquina.

También estoy agradecida con el equipo de HarperOne, Shannon Welch, Edward Benitez y Judith Curr, quienes creyeron en la importancia de la historia de Rosy, tanto, que tomaron la decisión de publicar el libro en inglés y español simultáneamente. El hecho de que *El libro de Rosy* pueda llegar a los lectores en ambos idiomas significa mucho para Rosy y para mí.

Este libro no sería posible, por supuesto, sin los voluntarios de Immigrant Families Together, tanto los donantes únicos que entendieron en las fibras más profundas de su ser que, sí, podían hacer una diferencia (incluso la mujer que envió los últimos tres dólares de su cheque de la Seguridad Social, disculpándose por no poder aportar más), como aquellos que han estado de lleno desde el primer día o poco después, incluidos Cathey Ambush, Evelyn Belasco, Jessica Berg, Kelly Carter, Amelie Cherlin,

Micaela Coiro, Stephanie Diehl, Sara Farrington, Meghan Finn, Jonathan Forgash, Karina Franco, Gina Katz, Rosalie Lochner, Jenn Morson, Sara Nolan, Casey Revkin Ryan, Megan Stotts, Courtney Sullivan, Laurie Sweet, Zoë Van Tieghem, Allyson Vaughn y Emily Spokes Warren. Sus parejas e hijos merecen también mucha de mi gratitud por compartirlos a ustedes y su preciado tiempo, con familias que los necesitan tanto o más que ellos. Algunos todavía no nos hemos encontrado «en la vida real», pero yo movería cielo y tierra por ustedes o con ustedes. Sin duda he olvidado a alguien que ha sido vital para nuestro trabajo, y si eres esa persona, te ofrezco mil disculpas.

Más allá de los voluntarios principales, hay muchos, cientos más, que han jugado un papel continuo, incluidos conductores y anfitriones, los equipos de apoyo regional, los socios de la organización y los prestadores de servicios pro bono, y la asombrosa cantidad de ustedes que han hecho el trabajo duro, día tras día, más allá de las cámaras o los micrófonos de los reporteros. Hay demasiados de ustedes por mencionar y les pido perdón si no los he reconocido aquí, pero sería particularmente negligente no mencionar a la rabina Stephanie Kolin; la rabina Rachel Timoner y la Congregación Beth Elohim y su Fuerza de Tarea para Refugiados; el Templo Reformista de Forest Hills; Templo Tikvah de New Hyde Park; Miles4Migrants; Catholic Charities de Nueva York; RAICES; el Southern Poverty Law Center; el International Rescue Committee; Sergio Cordova y Michael Benavides de Team Brownsville; Juan Ortiz y Jen Apodaca en El Paso, Texas; Tribeca Pediatrics; la clínica dental de NYU; y la Lumos Foundation.

Estoy agradecida inconmensurablemente con los periodistas que han asumido la penosa y constante tarea de cubrir los innumerables abusos de la administración Trump, pero en especial los relacionados con la inmigración. Si hay un cielo, y Rosy me asegura que sí, entonces hay un rincón especial reservado para los muchos reporteros que han cubierto este atropello desde el principio, y que lo han hecho con mucha sensibilidad, tratando a las familias con el respeto y la atención que necesitan y merecen mientras transmiten sus historias a un público más amplio: Beth Fertig de WNYC; Annie Correal, Nick Kristof y el fotógrafo Tamir Kalifa del *New York Times*; Emily Kinskey para la revista *TIME*; Josh Robin de NY1; Pablo Gutiérrez de Univision; Pamela Larson para *Arizona Central* y *USA Today*; Christina Tkacik del *Baltimore Sun*; y muchos más, incluida la independiente Sandi Bachom, quien filmó el video viral de Yeni para NowThis, y mi querida amiga Alice Driver, una periodista independiente que, durante el año pasado, informó sobre las fronteras y la dinámica migratoria actual para CNN, Longreads, *National Geographic*, *TIME* y *Reveal*, entre otros medios. Si hay una sola cosa que ha ayudado continuamente a producir resultados en términos de presión pública y cambios de política, es la persistente cobertura mediática, que no ha permitido que la tolerancia cero y otras políticas de inmigración crueles e ineptas de la administración Trump salgan del ojo público. Su trabajo es duro. También es crucial. Sigan haciéndolo.

Por supuesto, siento que mi vida siempre estará entrelazada, o al menos un poco, con la de José Orochena, pues ambos nos lanzamos al ruedo de la tolerancia cero, y cambió nuestras vidas para siempre. José y los demás abogados y miembros de su equipo que representan o atienden a las familias de IFT en sus casos de asilo son los héroes olvidados y pasados por alto en la historia de la tolerancia cero. Entre ellos hay algunos que ahora cuento como amigos y compañeros y compañeras en la lucha. Los principales son Ray Ybarra Maldonado, Angeles Maldonado y Mana Yegani.

Sin el apoyo del senador Michael Gianaris, el congresista Adriano Espaillat, la fiscal general de Nueva York Letitia James, la asambleísta Aravella Simotas, la congresista Carolyn Maloney, la congresista Alexandria Ocasio-Cortez y el senador Cory Booker, estoy segura de que no hubiéramos podido reunir familias tan rápido como lo hemos hecho ni ganado la visibilidad y el empuje que necesitábamos para comenzar a afectar esta política a un nivel panorámico. Todos ustedes son verdaderos líderes que hacen lo que predican.

A Kristen Bell, Molly McNearney, varios donantes anónimos que hicieron grandes donaciones recurrentes, la Hispanic Federation y la Lumos Foundation: ustedes nos permitieron escalar esto cuando yo estaba aterrada pero decidida a hacerlo. Su apoyo continuo es indescriptiblemente significativo, y todos los días despierto aún deslumbrada por su generosidad y agradecida por su confianza.

No hubiera podido ayudar a escribir este libro, y mucho menos hacer nada del trabajo aquí descrito, sin el apoyo y la tolerancia de mi familia. Desde mi primera declaración de

«Tengo una idea descabellada» hasta los días transcurridos en inmigración y las noches en terminales de autobuses, hospitales o aeropuertos, y horas y horas en el teléfono, Francisco y nuestros hijos han sacrificado mucho de sus propias vidas, abriéndose para compartir con otros lo que somos, nuestro hogar y todo lo que tenemos. Es mi mayor esperanza haber ayudado a retribuir parte de la deuda de la familia que recibió a Francisco hace casi cuarenta años, y haber ayudado a nuestros hijos a comprender que nuestro gran privilegio hace que la única respuesta digna de expresar sea *hineini*.

En febrero de 2019 viajé a Guatemala para conocer a la familia de Rosy y me recibieron como a una hija y una hermana su madre; su hermana; su cuñado; sus niños y los otros hermanos de Rosy. Ellos hicieron todo lo posible para procurarme y responder mis cientos de preguntas y satisfacer mis muchas curiosidades, al igual que su madre, quien compartió su tequila conmigo generosamente, me preparó sus tacos caseros y sus tamales de arroz, y me enseñó todo sobre el aguardiente de la región, el machetero. Sé que mi primera visita no será la última, y soy consciente de que la historia de Rosy también es la de ellos. Espero con el alma haber ayudado a contar su historia de una manera que los honre.

Por último, Rosy, Yordy y Fernando, y los más de cien (hasta este momento) padres, abuelos y hermanos que hemos reunido con niños más pequeños, han cambiado mi vida para siempre y por completo. En conjunto, me han enseñado el verdadero significado de fortaleza y resiliencia, de Fe, familia y lo que significa luchar por un futuro mejor. Me siento humilde y honrada de jugar un pequeño papel en las historias de sus vidas, y la mía se ha enriquecido irrevocablemente con nuestros lazos. Sepan que soy su principal admiradora, los aliento desde la orilla, y que cualquiera que sea el resultado estaré aquí para ustedes.